中外巨人传

华 佗

张 会 著

辽海出版社

图书在版编目（CIP）数据

华佗 / 张会 著. —沈阳：辽海出版社，2011.10
(中外巨人传)
ISBN 978-7-5451-1167-5

Ⅰ．①华… Ⅱ．①张… Ⅲ．①华佗（145～208）—传记
Ⅳ．①K826.2

中国版本图书馆 CIP 数据核字（2011）第 203357 号

责任编辑：柳海松
责任校对：顾　季
装帧设计：马寄萍

出 版 者：辽海出版社
　　地　　址：沈阳市和平区十一纬路 25 号
　　邮　　编：110003
　　电　　话：024-23284473
　　E-mail:dyh550912@163.com
印 刷 者：天津海德伟业印务有限公司
发 行 者：辽海出版社

幅面尺寸：165mm×230mm
印　　张：10
字　　数：111 千字

出版时间：2012 年 5 月第 1 版
印刷时间：2019 年 1 月第 4 次印刷
定　　价：25.00 元

版权所有　翻印必究

目 录

001 前　言

001 一、华佗其人
002 1. 华佗的名字和祖籍
009 2. 华佗的生卒年
012 3. 华佗的活动交往
022 4. 华佗的死因

031 二、剖腹开胸以治外
031 1. 麻醉
037 2. 手术
046 3. 针灸

054 三、阴阳平衡以调内

054 1. 内科医术

074 2. 内照法

076 3. 伤寒病

080 4. 其他疑难杂症

089 四、养生之术

089 1. 五禽戏的创立

095 2. 五禽戏的功用

103 3. 五禽戏的和谐理念

107 五、哲学思想

107 1. 天人合一观

111 2. 阴阳观

113 3. 五行观

115 4. "治未病"思想

120 六、华佗的医德

121 1. 不求功名治病"活人"

华　佗

127　2. 勤奋好学敢于创新

135　3. 关心百姓对症施治

140　4. 尊重病人实情相告

142　5. 传授医技撰写医书

150　结　语

前 言

我国古代中医学,有记载试开始于轩辕氏时期的昉,从《左传》开始有记载医人缓、和的事迹,是一种巫医并存的现象。后来又有神医扁鹊的故事,但都记述简略,其生平和医术都已经无法探究了。

东汉末年在我国诞生了三位杰出的医学家,史称"建安三神医"。其中,董奉隐居庐山,留下了脍炙人口的杏林佳话;张仲景撰写《伤寒杂病论》,理法谨严,被后世誉为"医圣";而华佗则深入民间,足迹遍于中原大地和江淮平原,在内、外、妇、儿各科的临证诊治中,曾创造了许多医学奇迹,尤其以创制使用麻沸散(临床麻醉药)、施行剖腹手术闻名于世。华佗虽然也是我国最伟大的医学家之一,但由于是一介布衣,晚年又惨遭杀戮,故对其生平事迹,即便前有陈寿《三国志》,后有范晔《后汉书》,在方技列传中专门立传,载入史册,但所载均略而不祥。华佗的事迹,最初见于陈寿的《三国志·魏志》,是此书中所记的医家传记中较为易懂的一篇。华佗生活的时代,当是东汉末年三国初期。那时,军阀混战,水旱成灾,疫病流行,人民处于水深火热之中。当时一位著名诗人王粲在其《七哀诗》里,写了这样两句:"出

门无所见，白骨蔽平原"。这就是当时社会景况的真实写照。目睹这种情况，华佗非常痛恨作恶多端的封建豪强，十分同情受压迫受剥削的劳动人民。华佗本是文人出身，一身书生意气，性格爽朗刚强，不图名利，对那些耽于功名利禄之人疾之如仇。他曾先后婉言拒绝太尉黄琬征招他做官和沛相陈珪举荐他做孝廉的请求，不追求荣华富贵，而宁愿手捏金箍铃，做一个平凡的民间医生，在疾苦的民间奔走，把毕生的精力奉献给医疗事业。行医生涯中，起死回生无数。民间流传着许多他救死扶伤、妙手回春的故事。华佗一生致力于医疗实践，医术达到了炉火纯青的地步。由于长期的生活在民间，很注意向人民群众和民间医生学习和总结防治疾病的经验，加上他自己的刻苦钻研，使他获得了丰富的医学知识。他熟练掌握了养生、方药、针灸和手术等多种治疗手段，在内、外、妇、儿各科的临床诊治中，曾创造了许多医学奇迹，尤其擅长于麻醉，曾发明创造了名为"麻沸散"的麻醉药，为病人做大手术，比欧美人发明麻醉药要早一千六百多年。在外科医疗方面作出了巨大的贡献。他治病的方法简便、经济，用药"处剂不过数种"，取穴也"不过一两处"，而且疗效都很高。同时倡导革新，反对守旧。在疾病的诊断、治疗和体育保健等方面都有独到的见解和卓越的成就。在当时占统治地位的儒家思想大肆宣扬孔孟之道"身体发肤，受之父母，不敢毁伤……"，和上流社会大搞炼丹、拜佛求仙，追求长生不死等迷信活动的时候，华佗以剖腹、刮骨等手术治疗疾病，提倡劳动和体育锻炼预防疾病，这不仅说明了他有反潮流的进步思想，而且是对"三纲五常"、"天命论"，最实际、最有力的批判。

华佗在医术上是多面手，并且每一面都达到了相当精湛的境

界。他看病不受症状表象所迷惑，用药精简，深深明白身心互通的道理，并不滥用药物。更可贵的是，华佗感悟到行医治病的最高境界——治病不如防病，重视预防保健，强调"治人于未病"，观察自然生态的各种现象，教人调息生命，保持和谐的状态。为后人提供了积极预防疾病的方法。但对于病入膏肓的患者，则不加针药，坦然相告。他的精湛医术或许早已被现代的科技赶上，但这种不贪富贵、看重生命的风范，则永远是历代医师的楷模。几千年来代代相传的华佗故事虽是正史与传说相参，真实与想象互补，史实与艺术交织，医学与文学融合，有血有肉、侠骨柔肠的华佗形象成为珍贵的民族文化遗产。在中国民众的心目中，华佗有神医之技、大医之德、良医之貌，他不仅是一位医生，更是一个文化符号，象征着先进的中国传统医学，象征着中国士人对独立人格的追求，象征着优秀医生的医德风范。后世每以"华佗再世"、"元化重生"称誉医家，足见其影响之深远。

一、华佗其人

华佗行医，并无师传，主要是靠自己精研前代的各种医学典籍，在临床实践中不断钻研、进取。当时我国医学已经取得了一定的成就，《黄帝内经》《黄帝八十一难经》《神农本草经》等医学典籍已经相继问世，望、闻、问、切四诊法的原则和导引、针灸、药物等诊治手段已经基本确立并且得到了广泛的运用。而古代医家，如战国时的扁鹊，西汉的仓公，东汉的涪翁、程高等，所留下的不慕荣华富贵、终生以医济世的动人事迹，所有这些不仅为华佗精研医学提供了可能，而且还陶冶了他的情操。华佗的贡献是伟大的，华佗在群众中有深远的影响，他的名字一直被视为优秀医者的象征，医史上有成就的医家常常被誉为"华佗再世"。华佗在正史中有传记，也就是陈寿的《三国志·华佗传》，还有范晔的《后汉书·华佗传》。现在，在华佗出生、游学和行医所及的安徽、江苏、山东等省的许多地方，还都留有华佗墓或者华祖庙。但华佗的生卒年代甚至名字死因等问题一直存在着种种争议。

1. 华佗的名字和祖籍

据《三国志》记载："华佗字元化，一名旉"。按照中国古代人们取名命字的传统习惯，人的名与字的含义往往是相互关联的，二者或意义相反，或意义相近，或意义相辅相成，或同来自某一典故。华佗也不例外。"佗"，意为长之美。《集韵·戈韵》中说："佗，一曰美也，"《诗·鄘风》："委委佗佗"，委委，行之美；佗佗，长之美。在《尔雅·训释》中也说："佗佗，美也。注：皆佳丽美艳之貌"。由此可以看出，"佗"在古代就是"美"的意思。再看华佗的字"元化"，元：《中文大辞典》注释说："美也。《易·坤》：'黄裳元吉。'注：上美为元"，"化"可借为"花"。元化：上美之花。因此，"元化"也是"美"意思。作为华佗之名的"旉"字，也就是"敷"，最初见于《周易·说卦》："震为雷，为龙，为玄黄，为敷。"是"春天将至，草木生长"的意思，即生长繁盛，从广义上说也是指长得美。由上述可知，华佗的名与字，在意义上联系密切，均指长得美。完全符合中国古人取名命字的原则。"华"通"花"，如果联系他的姓，那就是指花长得美。"华"也可以引申为"文德"，《尚书·舜典》："重华协于帝。""华"就是"文德"的意思。华佗，即文德美。

华氏家族本是一个望族，他是沛国谯人。是宋国贵族华姓的封地，汉时隶属谯郡。这个谯是当时沛国的谯县，东汉的谯县大致主要包括今天安徽省的亳州，还有河南永城的一小部分，华氏后裔中有一支定居于今天安徽省亳县以北十余里处一个风景秀丽的小村庄，现在被称为"小华庄"。这一地理位置，在春秋时期属于宋国的管辖范围，可是到华佗的时候家族已经开始衰微，但从

其名、字即可看出，家族中对华佗寄托了很大的期望。华佗自幼刻苦攻读经史，熟练地掌握了《尚书》《诗经》《周易》《礼记》《春秋》等古籍，逐渐具有了较高的文化素养。

在华佗成长的过程中，除受到中原文化的熏陶外，盛产药材的家乡也给他以不少的影响。谯县附近出产多种药材，如"亳芍"、"亳菊"，早已经闻名天下。再加水陆交通较为发达，所以谯县自古就是一个药材的集散中心。至今在亳县的通衢大街上，中药材货栈仍旧比比皆是。幼年的华佗在攻读经史的同时，也留心于医药，当地父老传说他曾在泥台店一带读书养性，学医识药。

有一年九九重阳的这一天，一个小生命呱呱坠地了，这个新生的婴儿就是后来成为一代名医的华佗。到了华佗出生的时候，华家家境已经十分贫寒，华佗父亲名叫华文，家里无地无业，终年靠出苦力维持生活。母亲曾氏，据说是春秋时曾参的后裔，幼时随父母由山东逃荒来到小华庄落户，后来与华文结为夫妻。全家人仅靠父亲教书，母亲养蚕织布为生。可是当时，宦官当道，捐税徭役繁重，加之兵荒马乱，瘟疫流行，家家顾命不得，谁还有心叫孩子上学？这样一来，华佗家的生活就更拮据了。一天，华佗的父亲带他到城里"斗武营"（即当地富豪斗拳比武的地方）看比武。回家后忽然得了肚子疼的急病，医治不及时，死了！华佗娘俩悲痛欲绝，他们设法把父亲安葬后，家中更是揭不开锅了。那时华佗才七岁，娘把他叫到跟前说："儿呀！你父已死，我织布也没有本钱，今后咱娘俩怎么生活呀？"华文得病无医，离开人世，撇下曾氏孤儿寡母，相依为命，苦度日月。曾氏是个善良勤劳的妇女，为人贤德，家中生活虽很艰苦，但她咬紧牙关，以纺纱、织布、养蚕支撑着。华佗长到八岁时被母亲送到村里私塾读

书。华佗聪颖过人，先生教的课文，他一听就会，别的学生念十遍背不出，他念一遍两遍就背得一字不差，但他贪玩，课文已会背诵就偷偷跑到外面去玩耍。母亲知道了并没有骂他、打他，而是把他叫到面前，抓起一把蚕茧说："蚕儿为了生存，终日不停地吐丝作茧，人要不学点本领，就不如这蚕呀！娘叫你上学念书，不如薄技在身。从前有个叫苏秦的，小时候读书很用功，为防止打盹，用锥子刺自己的大腿。如今有个叫孙敬的，为防止读书时打盹，把头发悬在梁上。儿现在就贪玩，不立志读好书，将来后悔就晚了！"自此以后，华佗发奋读书。当时，乡间极端贫困，卫生条件差，患病的人很多。乡间又缺医少药，无处求医，以致有的病残，有的病死。华佗想着自己父亲就是因病无处求医而死的，就想外出学医。可自己走了，母亲一个人在家有个好歹怎么办呢？他正在左右为难时，母亲鼓励他说："儿想去学医，为乡亲们解除疾病痛苦，也是咱家积一世的大德。娘的身子骨还好，你就放心去吧！"华佗想了一想说："城内药铺里的蔡医生是爹的好朋友，我去求求他收我做个徒弟，学医，既能给人治病，又能养活娘，不行吗？"娘听了满心欢喜，就给华佗洗洗脸，换了件干净的衣服，让他去了。华佗拜了师傅，就跟蔡医生学徒，不管是干杂活，采草药，都很勤快卖力，师傅很高兴。一天，师傅把华佗叫到跟前说："你已学了一年，认识了不少药草，也懂得了些药性，以后就跟你师兄抓药吧！"华佗当然乐意，就开始学抓药。谁知师兄们欺负华佗年幼，铺子里只有一杆戥秤，你用过后我用，从不让他沾手。华佗想：若把这事告诉师傅，责怪起师兄，必然会闹得师兄弟之间不和，但不说又怎么学抓药呢？俗话说："天下无难事，只怕有心人。"华佗看着师傅开单的数量，将师兄称好的药

逐样都用手掂了掂，心里默默记着分量，等闲下时再偷偷将自己掂量过的药草用戥秤称称，对证一下，这样天长日久，手也就练熟了。有一回，师傅来看华佗抓药，见华佗竟不用戥秤，抓了就包，心里很气愤，责备华佗说："你这个小捣蛋，我诚心教你，你却不长进，你知道药的分量拿错了会药死人的吗？"华佗笑笑说："师傅，错不了，不信你称称看。"蔡医生拿过华佗包的药，逐一称了分量，跟自己开的分量分毫不差。再称几剂，依然如此，心里暗暗称奇。后来一查问，才知道是华佗刻苦练习的结果，便激动地说："能继承我的医学者，必华佗也！"此后，便开始专心地教华佗望闻问切。并让华佗研读《黄帝内经》。寒来暑往，不知不觉，又是三年过去了。一天夜里，华佗正在攻读药书，忽然，一位师弟慌张地跑来说："快去，师傅病了！"华佗随师弟来到师傅房间，只见众弟子都围在师傅身边，师傅直挺地躺在榻上，双目紧闭，口吐白沫，徒弟们问话也不答。华佗忙上前仔细观看五官气色，伏下身子，侧身细听呼吸，又为师傅切了脉搏，然后站起来笑笑说："师傅没有病呀！"师兄师弟都不信，嚷嚷开了："你耽误了师傅的病，吃罪得起吗？"这时，师傅忽然坐了起来说："你们不要嚷嚷了，华佗说得对，我是没病，只是想试试你们的医术。"众徒弟羞愧不已。师傅对华佗的判断非常满意，就叫他把自己判断的道理说说。华佗说："人的五官是外'五行'，人的五脏是内'五行'，内'五行'有病必映在外'五行'上。肝开窍于目，师傅目神苍健不变，说明肝无病；心开窍于舌，师傅舌神赤润不变，说明心无病；脾开窍于口，师傅口神黄湿不变，说明脾无病；肺开窍于鼻，师傅鼻神燥白不变，说明肺无病；肾开窍于耳，师傅耳神寒黑不变，说明肾无病。五脏无病，六脉又平和，

所以知道师傅没有病。"

还有一次，丁家坑李寡妇的儿子在涡河里洗澡被淹坏了，李氏飞奔来找蔡医生，蔡医生见孩子双眼紧闭，肚子胀得像鼓，便摆摆手叹气说："孩子难救了。"李氏听了哭得死去活来。华佗过去摸了摸脉，低声对师傅说："孩子可能还有救！"蔡医生不信。华佗叫人牵头水牛出来，先把孩子伏在牛身上控出水，然后再把孩子平放在地上，用双腿压住孩子的腹部，提起孩子的双手，慢慢的一起一落地活动着，约摸一刻钟工夫，孩子渐渐喘气，睁开了眼。华佗也累得满头大汗，放下孩子的手说："好险啊，差点没救了，吃付汤药补补身体吧。"华佗又给开了剂汤药，把孩子治好了。华佗起死回生的消息像风一样的传开了。蔡医生羞愧地对华佗说："你已经青出于蓝而胜于蓝，我没本事教你了，你出师开业去吧！"华佗出了师，也不开业，却游学徐土一带，寻访名医，探求医理，给人治病。据说华佗死后，亳县盖的华祖庵，就是李氏为纪念华佗救活自己的孩子而捐钱修盖的。

徐州有座公宜山，山上有个老医生，医术相当高明。据说，他的医术，是春秋战国时期的扁鹊嫡传的。老医生九十多岁了，没有儿女，也不曾收过徒弟。乡民向老医生请求：请他把高明的医术流传下来，以救众民。老医生说："这医术可不能随便乱授，要传给那些能为穷苦人家治病的好后生，不能传给那些以医求官的浮浪子弟。""谁是好后生呢？"众人着急了，老医生摆摆手说："大家不要着急嘛，我自有办法！"有一天，民间医生都接到了一份请帖，是公宜山老医生下的。其中，年轻的华佗也在邀请之列。这一天，老医生家门庭若市，四面八方的年轻医生都来了。老医生盛情接待了这些来自民间的青年医生。热闹了一天，才让大家

各自回家。从老医生家下山，只有一条小路，就在这个路口上睡了一个病人。这病人全身流着脓血，体无完肤。当时正是六月的天气，脓血腥臭难闻，成群的绿头苍蝇嗡嗡嗡的飞在他周围，有的地方还有蛆虫乱动。众医生走到路口，看到这个肮脏的病人躺在那拦住大家的去路，有的捏着鼻子绕过去，有的蒙着眼睛从病人身上跨过去。这个病人火气可大了，他大骂从他身边走过去的医生，说："你们这些饭桶，能治啥病？为啥见死不救？统统不是好东西。"可以众人还是飞快地走了。华佗走到他跟前，向他看看。那人不分青红皂白便大骂华佗道："你，你看啥？你也是草包，也不是好东西，快滚开！""大哥，你为什么骂人呢？"华佗不恼不气，亲切的说道："有什么痛苦告诉我吧，我给你治病！"那人怒道："你这小子瞎了眼睛啊？你没看到我身上这病吗？"华佗耐心地向他解释说："大哥，你身上的溃疡一时是治不好的，必须要慢慢来啊，我现在送你回家，从明天起，我天天登门给你治，你家住在哪？""你叫我在家等你，那好，我家离这三十里地，你先把我背回家吧。"华佗见他一身脓血，又腥又臭，白花花的蛆虫直往下掉。这么脏，咋背啊？可是转念一想，医生怎能嫌病人脏呢？应该尽力为病人解除痛苦才是啊！于是说："好吧，我就背你回家！"华佗把病人托在肩上，背着下山。走了三十里地，华佗身上糊满了脓血，蛆虫滚到他身上，一股臭味直往鼻子里钻，冲的他头脑发昏，心里作呕，几次欲吐为吐出来。来到病人家门口，病人突然变卦了，他又不回家了，硬叫华佗把他再背回原地。华佗满腔怒火，这人咋这么麻烦呢？正想发火，一想，医生要耐心对待病人，病人发火，是因为他身上有病，可以谅解，医生应该体贴病人才是啊！想到此，华佗又把他背回老医生家的

门外。华佗来回背了六十里，累得他筋疲力尽，满身的汗水和病人身上的脓血搅和在一起，一滴一滴地往下掉。来到老医生家门口，老医生亲自出门来迎接。他先把华佗让进屋，然后让华佗沐浴更衣，并请华佗洗浴完毕后到客堂说话。华佗洗了澡，换了衣服，走进客堂。老医生问他姓什么？华佗回答："学生华佗。"老医生夸赞说："好后生！"于是给了他一封纸束，华佗打开观看，上面写道："术亦不息，日于子为累，若无高下，无贫富，无贵贱，不务财贿，不择劳动，矜老恤幼为急，然后可脱之祸。——扁鹊"华佗看完，往地下一跪说："圣贤之语，一一不忘。愿拜老医生为师！"老医生扶起华佗，收他做了徒弟。原来上面说的那个病人，是老医生有意安排在路口，试试那些年轻的医生是不是诚心为穷苦人服务。多少个年轻的医生都绕道走开了。只有华佗不怕脏，不怕累，背他下山，又再背他上山。所以，他获得了老医生宝贵的医书和高明的医技，后来成为中国伟大的名医。

直到今天，在小华庄尚有关于华佗的部分遗迹。在该庄西北角，有一片约六十平方米高且平的宅基地。据华佗后裔介绍，此处旧有竹篱茅舍，名"养疾康复"，是华佗读书、诊病和居住的地方。由此处朝东北相距200米处，有一片高地，据传说是华佗操练五禽戏的场地，名"五禽练坛"。在上述地区有人发现少量古代建筑的残砖碎瓦。为纪念华佗，乡人在小华庄北约400米处，建有华佗庙一座（兴建于何时待考）。此庙自南向北分三个大殿，前殿置有华佗泥胎塑像一尊，庙中香火终日不断。每逢农历九月九日（据传说此日为华佗生日），该庄华姓村民均集体到庙中祭祀华佗。新中国成立后该庙被改做学校，华佗塑像亦遭毁坏。1958年为取砖砌井将庙宇全部拆毁。1986年为纪念华陀，乡人又在该处修建一座华佗庙及一所华佗医院。华佗生活的时代,医生的社会地位低下,再加上那个年代,是中国历史上东汉末年到三国初期这一段时间,这时候正是诸侯割据、军阀混战的时候,所以史书中关于华佗的记载很少,既没有他的身世记载,又没有他师承关系的记载,更没有医方传之后世,史书中只留下了他治愈疾病的一些小故事,所以后世流传的"华佗再世,妙手回春"这个说法,我们只能从华佗治愈疾病的小故事中去寻找答案了。

2. 华佗的生卒年

华佗生于何时?死于哪年?活了多大岁数?《三国志·华佗传》及《后汉书·华佗传》均语焉不详,致使历代诸家众说纷纭,莫衷一是。唐应光著《中国古代医学家的故事》认为华佗生于公元145年,卒于公元208年,年龄63岁。李延沛、吴海林合编的《中国历史人物生卒年表》中,认为华佗生于公元142年,卒于公元203年,年龄61岁。光明中医函授大学主编的《中国医学发展史概要》提到华佗约生于公元141年,卒于公元208年,存世67岁。李灿在《华佗生卒年月和死因浅折》一文中,考证华佗生于东汉中叶(安帝永初二年),卒于东汉晚期(建安9年)即公元108年至公元204年,享年97岁。

现在根据相关的史料记载,对于华佗的生卒年代,大略的考证如下:根据《三国志·华佗传》记载,华佗被曹操杀害之后,"太祖(即曹操)头风未除。太祖曰:'佗能愈此。小人养吾病,欲以自重,然吾不杀此子,亦终当不为我断此根原。'及后,爱子仓舒病困,太祖叹曰:'吾悔杀华佗,令此儿疆死也。'"记载的是曹操爱子仓舒,也就是那个聪慧绝顶以舟称象的曹冲,于建安

十三年患病，虽经曹操亲自请医治疗，不幸于当年身亡的事。曹冲自幼聪明过人，为操所特宠。但身体虚弱，经常患病，华佗多次为曹冲诊治，效果十分好。因此当曹冲十三岁病逝时，曹操甚为悲痛，由此而忆起华佗，悔恨当初杀死华佗。由此可见，华佗死在仓舒之前。但仓舒究竟是何年何月死的呢？《三国志》对此有确切记载，该书卷二十《邓哀王传》中说："邓哀王冲，字仓舒。……年十三，建安十三年疾病，太祖亲为请命。及亡，哀甚。"这就是说仓舒死在建安十三年也就是公元208年。从这条史料我们可以断定，至少在建安十三年（公元208年）华佗已不在人世了。而前一条史料的关键之处又是在曹操"亲理"二字，什么是"亲理"呢，在这里只能把它理解为亲理朝政。查曹操年表，建安元年（公元196年）曹操把汉献帝接过来定都许昌，献帝封曹操为大将军职，封武平侯；曹操把大将军的称号让给袁绍后，汉献帝又给曹操司空职位、行车骑将军；建安九年（公元204年）曹操又领冀州牧；建安十三年（公元208年）六月为丞相。这就是建安十三年（含此年）以前曹操接受官爵的情况，那么谈得上"名副其实"地"亲理"朝政，恐怕只是在曹操建安十三年为丞相的时候。因而逻辑地推论只能是华佗建安十年与曹操结识，侍奉在曹操左右，三年后曹操作了丞相，华佗开始"专视"，即专门为曹操诊治疾病，后归家逾期不返，为曹操拷打而死。因此稍后，在建安十三年（与华佗被杀同年）曹冲病重时，曹操马上想起了不久前被杀害的华佗，因而后悔不已。但是，据《晋书·景帝纪》记载："初，帝目有瘤疾，医割之。"又据沈约《晋书》载："司马景王婴孩时有目疾，宣王（司马懿）令华佗治之，出眼瞳割其疾而纳之敷药。"景帝、景王既是司马师，他死于高贵乡公正元二

年（公元255年），时年四十八岁，上溯48年，即生于建安十二年（公元207年）。按初生或周岁内小儿称婴儿，司马师在婴儿时即生目瘤，其令华佗为其割目瘤，虽然"出瞳割瘤"似有夸大，但华佗为司马师治疗目疾是可靠的。若此说可信，则公元207年华佗不仅在世，而且在许都，至少在此时或在此之前，华佗已经是曹操的侍医了。据以上推论，认为华佗死于公元208年是可信的。

那么华佗生于何时呢，这还是要从史书的记载来中寻找蛛丝马迹，据《三国志·华佗传》记载："沛相陈珪举孝廉，太尉黄琬辟，皆不就。"陈珪黄琬又是何人？《后汉书》卷六十一《黄琬传》记载："及董卓秉政，以琬名臣，征为司徒，迁太尉，……卓议迁都长安，琬与司徒杨彪同谏，不从。……琬竟坐免。"又同书卷九《献帝纪》载：中平六年（公元189年）"十一月癸酉，董卓（自）为相国。十二月戊戌，司徒黄琬为太尉。"初平元年（公元190年）"二月乙亥，太尉黄琬，司徒杨彪免。"是说黄琬在董卓管理朝政的时候官职为太尉，而董卓管理朝政是在公元189年12月至190年2月。可知黄琬为太尉在公元189年12月至190年2月，辟举华佗应该就是这个时候。又根据《后汉书·陈球传》载："球弟子珪，沛相。"李贤注引《谢承书》曰"球弟子珪，字汉瑜。誉孝廉，剧令，去官，举茂才，济北相。"陈珪何时任济北相，又何时转任沛相，无明确记载。然而陈珪任沛相的事迹散见于《三国志》卷六《袁术传》、卷七《吕布传》，《吕布传》记载，袁术曾谋与吕布联姻，因沛相陈珪离间计未成，后吕布与袁术交战，用陈珪的计谋，大败袁术的大将张勋，这是发生在建安二年（197年），可推测袁术写信给陈珪是初平三年（公元192年）。依此可以推知，陈珪约于初平三年（公元192年）到建安二年（公

元197年）在沛相任上。因此举华佗为孝廉，当在此期间。以上史实说明，黄琬辟举在前，陈珪举孝廉在后。又据《后汉书》卷六《顺帝纪》载：阳嘉元年（公元元132年）冬十一月："辛卯，初令郡国举孝廉，限年四十以上。"从此始，东汉举孝廉要年满四十岁才有资格被推举，这当然是一般规定，而对那些重族，大臣的子孙，当然会有例外，并非完全的按照此条例行事，如曹操在二十岁的时候就被举为孝廉。但是对于出身寒门的华佗来说就绝对不会破例，只有他年满四十，又成为德高望重的学者，才具备举孝廉的条件。因此，陈珪在公元192至197年任沛相期间，推举华佗为孝廉，此时华佗大概是四、五十岁左右人，向上溯五十年，为公元142年（顺帝汉安元年）至147年（桓帝建和元年），大致为华佗诞生的年代。《后汉书·华佗传》有华佗"年且百岁，而犹有壮容，时人以为仙"的记载，也有说他寿至一百五六十岁仍保持着六十多岁的容貌，而且是鹤发童颜的记载。"百岁"一词乃是"天年之概"，而非实数。由于世人的"天年"不尽相同，也不可能个个都达"百岁"，民间出于吉利，习惯往往把各人不同的寿数，全部称为"百岁"。特别是对健在的老年长辈或已故的可尊敬者，虽未及百岁，多用这一代表性词语。华佗深受后人尊敬，因此，《三国志·华佗传》中"年且百岁而貌有壮容"句，并非实指华佗已年近百岁。

3. 华佗的交往活动

华佗在年轻时曾经在徐州地区漫游求学，一生的行医足迹，遍及当时的徐州、豫州、青州、兖州等各地。徐州是江淮的重地，有郡、国六，下辖六十二个城、邑，人口二百余万，首府为彭城

(今江苏徐州)。华佗的行医足迹，根据他医案中所及地名查考，大抵是以彭城为中心，东起甘陵（今山东临清）、盐渎（今江苏盐城），西到朝歌（今河南淇县），南抵广陵（今江苏扬州），西南直至谯县（今安徽亳县），即今江苏、山东、河南、安徽等省广大地区，方圆达数百平方公里。华佗在行医的同时，为了采药还先后到过朝歌、沛国、丰县（今江苏丰县）、彭城卧牛山、鲁南山区和微山湖。由于行踪地域广阔，又深入民间，华佗成了中国历史上民间传说众多的医家。华佗不仅行医于乡里，也经常深入民间到外地看病。《三国志·华佗传》《后汉书·华佗传》《华佗别传》《甲乙经》等古书所载华佗二十余个病案，多数系在外地所看的病例。

华佗与曹操

华佗与曹操何时结识众说纷纭：《三国演义》把华佗和曹操相见的时间放在曹操临终前，也就是建安二十五年春正月（公元219年）前。而最近一部文学作品却把华佗与曹操相识的背景说成是在官渡之战的前后，也就是建安五年（公元200年）左右，这些结论都只是根据文学作品情节发展的需要安排的，并没有多少史料的依据，因此不足凭信。其实华佗与曹操相识还需从三国时代闻名的政治家陈登说起。《三国志》原文是："太祖闻而召佗，佗常在左右。太祖苦头风，每发，心乱目眩，佗针灸，随手而差。"（《三国志·方技传》）是说曹操听说华佗治疗陈登的寄生虫病这件事，才知道有华佗这个人的。从这里我们不难推定，曹操是在陈登死后才与华佗开始最初交往的，也就是说陈登的死期便是华佗与曹操相见的最早时限。那么陈登死于何时呢？据《三国志·方技传》记载，广陵太守陈登患病，华佗为他诊脉后认为，陈

登胃里有虫三升，是吃"腥物"引起的，因而给他开了汤药，吃后果然见效，然而华佗又说，陈登的病三年以后还会复发，遇到良医才能救治，否则就会有生命危险。三年后果然不出华佗所料，陈登旧病复发无良医而死。这件事传到曹操耳中，曹操才把华佗召在左右，让他为自己针灸治疗头疼病。很可惜，史书只说陈登年三十九而卒，至于死于何年，却无明确记述。值得庆幸的是在今本《三国志》辑录的《先贤行状》中记载着陈登"年二十五举孝廉，除东阳长，养省育孤，视民如伤。是时，世荒民饥，州牧陶谦表登为典农校尉，乃巡土田之宜，尽凿溉之利，杭稻丰积。"这就为我们提供了一条线索：陈登在二十五岁的时候被举为孝廉，任东阳县的长官，极为爱护百姓，上级长官陶谦为此表彰陈登。假若我们知道了陈登在什么时候做为农校尉被上级表彰，也就大致知道了陈登二十五岁时的纪年。这里首要的问题是，陶谦何时作徐州牧。在《三国志》《后汉书》中我们查到了陶谦为徐州牧是在汉献帝"都"长安的时期。《三国志·二公孙陶四张传》中说："董卓之乱，州郡起兵，天子都长安，四方断绝，谦遣使间行致贡献，迁安东将军。徐州牧封溧阳侯。是时，徐州百姓殷盛，谷米封赡。流民多归之。"《后汉书》与《三国志》所载略同。查汉献帝到西京（长安）的时间是初平元年（公元190年），因此汉献帝升陶谦为徐州牧最早不可能早于公元190年。也不会迟于兴平元年（194年）。因为陶谦死于这一年。再根据史书的记载，董卓在长安以东抵御州郡义兵，"四方断绝"是在初平元年三月至初平二年四月。四月，董卓还长安，秋，袁绍引军去冀州，东禁遂解，因此陶谦为徐州牧应在这段时间内。那么陶谦是在何时任用陈登为典农校尉呢？结合之前的推断，陶谦只是在任用了陈登

以后，才出了五谷丰登的富庶景象，才有可能向被围困的汉献帝遣使纳贡，因此州牧陶谦授予陈登典农校尉极大可能是在190年到191年之间的一段时间，这也就是他二十五岁时的那一年。那么史书记载陈登只活了三十九岁，因此他的死期应该在204年至205年之间，也就是建安十年前后，如果我们对《三国志》中记载的曹操是在听闻华佗诊治陈登病后才召华佗到自己身边，这一点不怀疑的话，那么结论必然是曹操与华佗结识大约是在公元205年前后。

华佗由于治学得法，医术迅速提高，名震远近。正当华佗热心在民间奉献自己的精湛医术时，崛起于中原动乱中的曹操，闻而相召。曹操初见华佗，想一探虚实，就给他开了副帖子，实际是首四言谜语诗："胸中荷花，西湖秋英。晴空夜珠，初入其境。长生不老，永远康宁。老娘获利，警惕家人。五除三十，假满期临。胸有大略，军师难混。医生接骨，老实忠诚。无能缺技，药店关门。"华佗挥笔答出16种药名：穿心莲、杭菊、满天星、生地、万年青、千年健、益母、防己、商当归、远志、苦参、续断、厚朴、白术、没药。

在《三国演义》里，第七十八回是"治风疾神医身死"的故事。原来，曹操独揽大权，专横跋扈。自赤壁之战败后，恼羞成疾，得了一种头风病，每次发作都是头痛难忍。请了很多医生治疗，都不见效，御医也不能医治。小说中写曹操在洛阳埋葬关公之后，"每夜合眼便见关公"，由此更加惊恐成疾，旧病复发，"头脑疼痛不可忍"。文武百官都十分忧虑，遍寻良医终"不能痊愈"。正当危急之时，有华歆荐举华佗。华歆道：（华佗）医术之妙，世罕见：但有患者，或用药，或用针，或用灸，随手而愈，

若悲五脏六腑之疾，药不能效者，以少林肺（沸）汤饮之，令病者晕。醉死，开其腹，以药，光其月压腑，病人略无俘痛洗毕，然后以药线缝口，用药敷之；或一月、或二月，即平复矣其神妙如此，罗贯中在这里用画家的"三染"法，层层加色，以突出华佗医术之神妙。

听说华佗医术高明，曹操就请他医治。华佗在曹操胸椎部的禺俞穴进针，只给他扎了一针，片刻便脑清目明，头痛立止。曹操大喜，封官赏银，华佗都没有接受。并如实相告："您的病，乃脑部瘤疾，近期难于根除，须长期攻治，逐步缓解，以求延长寿命。"曹操听后，以为华佗故弄玄虚，因而心中不悦，只是未形于色。他不仅留华佗于府中，还允许他为百姓治病。公元208年，曹操操纵朝政，亲自处理国事，并自任丞相，总揽军政大权，曹操怕自己的病再发，就强要华佗留在许昌做自己的侍医，便要求华佗放下其他的事情，长留府中，专门做他的侍医。这对以医济世作为终身抱负的华佗来说，要他隔绝百姓，专门侍奉一个权贵，自然是不愿意的。华佗禀性清高，不爱慕功利，又本是读书之人，却被人看成是以医术为职业的，心里常感懊悔，不愿做这种形同仆役的侍医。何况，曹操早年为报父仇，讨伐徐州的陶谦，坑杀徐州百姓数万人，尸体壅塞，泗水为之不流，接着又连屠取虑、夏丘诸县，所过"鸡义亦尽，墟邑无复行人"。徐州是华佗后期行医和居住之地，与那里的百姓休戚与共，内心岂不愤慨！因而决心离开曹操。华佗长期远离家乡，想回去看看，就对曹操说："刚才收到家中的来信，想准备回家一趟呢。"临行前献给曹操一剂药方，是中药八味：木贼、寄生、乌头、防风、恶实、当归、天冬、滁菊各3钱。曹操对医学较为熟悉，最初看，知道是祛风

养血之品，深信不疑。后来病情加剧，服用华佗给的这剂药方，却不大见效，时间久了一点作用都没有。

等了些日子，曹操几次写信要华佗回来，又派地方官吏去催。华佗到家后，以妻子有病为借口来推托，多次请求延长假期不肯回来。华佗自恃有才能，厌恶吃侍候人的饭，又推说妻子病得厉害，还是不上路。曹操很生气，派人前往查看，并告诉前去催促的官吏：如果他妻子确实生病，就赐赠四十斛小豆，放宽假期；如果他虚假欺骗，就逮捕押送他回来。不久，华佗就被抓回许昌，继续为曹操治病。华佗诊断之后，说："丞相的病已经很严重，不是针灸可以奏效的了。这个病其实除根并不难，就看丞相怕不怕？"曹操一听，哈哈大笑，说："老夫带兵多年，出生入死，如小儿游戏一般，何时有半个'怕'字，哈哈哈！"华佗还是认真地说："丞相，这治病和打仗可是两码事儿，两个理儿，事先我得和您提醒啊！"曹操急了："你就别和我绕弯子了，干脆点说吧。"华佗说："丞相这偏头痛，是因为脑子里有了'风涎'，如果不及时取出来，是会有生命危险的。这病用药、针灸都不会除根，我想还是给你服用麻沸散，然后剖开头颅，施行手术，取出'风涎'。只有这样才能除去病根。"曹操一听，勃然大怒，指着华佗厉声斥道："头剖开了，人还能活吗？"华佗赶紧补充道："丞相别担心，前一阵子，我在襄阳替关羽疗伤，就类似这种疗法，叫'刮骨疗毒'，丞相这叫'刮液疗脑'。"本来，曹操就疑心华佗要谋害他，脑子切开人还能活吗？他想到两军对垒，一刀劈下半个脑袋，人就栽倒在地，一命呜呼。华佗的补充，不仅没有使他放心，反而让曹操更加怀疑。想起华佗刚刚从蜀地回来，就更加不高兴，说："哪有这样治法的，难道你是西蜀派来的奸细？"华佗

一听哈哈大笑道："丞相，别怪老夫放肆，刚才担心你怕，你不信，现在果然是怕了。医生志在救人，可不管哪一方那一派的。再说，你们两方都志在统一，为国为民。想不到丞相如此英雄，心胸竟这么狭窄？俗话说得好，'用人不疑疑人不用'。不治，你就让我走吧。可不能冤枉我是奸细啊。"这一席话，讲的曹操脸一会儿红一会儿白。他一向带兵理政，发号施令惯了，何曾有人敢对他这样讲话的？立时恼怒起来，叫道："住嘴，你不是奸细是什么？岂能让你走，来人啊，把他抓起来押下去！"

曹操天资聪明，再次仔细的思考华佗上次临行前留下的药方，竟是一首藏头诗，终于大悟，更加怒气冲天。

华佗被递解交付到许昌监狱，严刑拷打要他服罪。华佗坚贞不屈，矢志不移。这时荀彧向曹操求情说："华佗的医术确实很高明，是世间少有的啊，关系着人的生命安危，应该宽容赦免他。"曹操一意孤行说："不用担心，天下会没有这种无能鼠辈吗？"终于判决了华佗的死罪。华佗临死之前，仍旧不忘济世救民，将已经写好的《青囊经》取出来，交给狱吏说："这书可以用来救活人。"狱吏害怕触怒曹操不敢接受，华佗也不勉强，便讨火来把书烧掉了。可惜，曹操疑心太重，不仅没有采用华佗的"开颅取涎"的治疗方案，反而将华佗"拿下狱中"拷问，终至华佗屈死狱中，一代神医遭逢如此不幸，令人悲愤不已！华佗死了以后，曹操脑神经痛仍旧没有好。曹操说："华佗本来能够治好这种病。这小子有意留着我的病根，想借此来抬高自己的地位，既然如此，如果我不杀掉他，他最终也不会替我断掉这病根的。"直到后来他的爱子仓舒病危，曹操才感叹地说："我后悔杀了华佗，使这个儿子活活地死去了。"

华佗

华佗与关羽

华佗为东汉末年的名医，自古迄今，一直成为高超医术、崇高医德的代表人物。而三国名将关羽，不但武艺高强，而又忠心耿耿，被人当做忠义的典范，在后期又逐渐兼任起招财进宝的财神爷而被顶礼膜拜。他俩的业绩史有记载，尤其经过罗贯中《三国演义》的艺术加工，绘声绘色地塑造，使他们形象更加生动。其中华佗为关羽作刮骨疗毒即是故事之一。

《三国演义》中讲述了三国时的名将关羽在镇守襄阳之时，与曹仁对垒，战斗中被乱箭射中，箭尖直透左臂，伤口渐渐肿大，十分疼痛，不能动弹。经有名医生多方诊治，始终无效。后来伤口虽然愈合了，但每到阴雨天，就经常觉得骨头疼痛。一天，关羽和他的部将正在发愁。忽然，部下前来报告，说医生华佗要进见。关羽说："快请进帐来！"华佗进来后，关羽说："您如果能把我的左臂治好，我是感激不尽的。"华佗经过仔细的检查，说："我正是为治您的病才来的。办法倒是有，只是怕您忍受不了疼痛。"关羽听后笑了笑说："我是一个久经沙场、出生入死的军人，千军万马尚且不怕，疼痛有什么了不起！"华佗说："那就好了。您中的箭是乌头毒箭，箭头上有毒，现在毒已入骨。我准备在房梁上钉上一个铁环，把您的左臂伸进铁环中去，再把您的眼睛蒙上，然后给您动手术。"关羽说："不用什么铁环，你就给我治吧！"第二天，关羽设宴犒劳华佗。饮宴完毕，关羽一边和谋士对弈，一边袒胸伸出左臂。华佗抽出消过毒的尖刀，割开关羽的胳膊，骨头已变成青色。左臂割破后，血流不断，把盛血的器皿都装满了，刀刮骨头咯咯作响。而关羽却照样喝酒下棋，谈笑自若。他用刀"咔嚓咔嚓"地将骨头上的箭毒刮净，而后缝合复原，

敷上药，包扎好。

近两个时辰后手术结束，关公一解几个月来痛苦，脱去夹板绷带，手臂运转自如，高兴地说："华医生啊，我为毒箭所伤，痛苦非常，群医都束手无策，而你在这么短的时间一下子就解决了，真是神医在世妙手回春啊！"华佗回答说："关将军过奖了，若说神，不是华某我，也不是别人，而是将军你啊！我云游天下，行医数十载，接诊过的病人何止成千上万，形形色色，施行手术的人也不在少数，可是像将军这样不惧痛苦、术间不哼一声的英勇气概为所仅见者，非凡人矣，钦佩之至也！"二人的惺惺相惜确是罗贯中的神来之笔，妙笔生花！刮骨疗毒的故事发生在"水淹七军"之后，关羽在攻打樊城时左臂被一支毒箭射伤，"顿时青肿，不能运动"众将正在忧急之时，华佗闻讯乘小船来到关羽帐下。小说中细写华佗察验臂伤，诊断"此乃弩箭所伤，其中有乌头之药，直透入骨，若不早治，此臂无用矣。"然后，描写了华佗的治疗过程："取刀在手"，"割开皮肉，直至于骨"，"刮尽其毒，敷上药，以药线缝之。"这就是人们盛赞的"刮骨疗毒"之法。作者借关羽之口赞道：'此臂伸舒如故，并无疼痛矣。先生真神医也'，"接着，小说中又写道："关公以金百两酬之，佗曰：'某闻君侯高义，特来医治，岂望报乎，'坚持不受，留药一帖，以敷疮口，辞别"作者以寥寥数语，点出华佗"不索谢仪"的高尚医德，使华佗的形象更加鲜明，令人钦佩不已。这是《三国演义》和湖北《襄阳府志》上有记载的，在民间广为流传的一个虚构的故事，带有夸张成分。原本是颂扬关羽有毅力，能忍耐，同时也说明了华佗外科医术高明，博得人们的称赞和敬佩。可是，从史实考核之，发现此事却是虚构的，即：华佗为关羽作刮骨疗

毒纯属子虚乌有。

仔细分析，这则故事有两个值得怀疑的地方，首先，给关羽刮骨疗毒的人是否是华佗，其次，刮骨疗毒有没有成功的可能性，刮骨可否可以疗毒？神医华佗确有其人，关羽中毒箭也确有其事，但正如前文所考证的，华佗在建安十三年（208年）就已经被曹操杀掉了，而关羽中毒箭在正史中是在建安十九年（214年）到建安二十四年（219年）之间发生。此间相隔近十年，二人连见面的机会都没有，所以华佗不可能帮关羽疗伤！更何况，关羽中箭之时，麻沸散已经问世，又何必让病人忍受不麻醉就刮骨的痛苦呢？这只是文学作品的一种杜撰，罗贯中使用了移花接木这样技巧，将不可能的事情将他成为可能的事情！

不但小说中编造了这样故事情节，在史料中也有记载。《三国志·蜀书六·关张马黄赵传》中记载："羽尝为流矢所中，贯其左臂，后创虽愈，每至阴雨，骨常疼痛，医曰：矢镞有毒，毒入于骨，当破臂作创，刮骨去毒，然后此患乃除耳。羽便伸臂令医劈之。时羽适请诸将饮食相对，臂血流离，盈于盘器，而羽割灸引酒，言笑自若。"这段记述得十分全面完整，不但说箭伤，而且说皮肉伤虽已愈，而毒入骨，故阴雨天不时疼痛。所以才有刮骨疗毒的事，而且还记述了关羽饮酒作乐、手术时依然谈笑自若的大无畏气概。但是，这段记述却留下许多含糊之处。如：没有记录关羽何时何地同何人作战时受伤；也没有点明是哪一位医生给他作的手术治疗。如果是华佗，陈寿是不会忽略到这样的地步，而且在《华佗传》中陈寿作华佗颇多业绩的记述，同样也没有关于给关羽刮骨疗毒这部分。

华佗的形象，随着《三国演义》的广泛流传而家喻户晓，妇

孺皆知，为中国中医药学史增添了光辉的一页。然而，罗贯中塑造华佗这一人物形象的目的和意义远远不局限于上述所论通过"开颅取涎"、"刮骨疗毒"两个故事，还明显地深化了关公、曹操两个人物的性格。《三国演义》成功地塑造了一代神医的艺术形象，再现了历史上的大医学家华佗高超的医术，高尚的医德。关公在"刮骨疗毒"过程中的神态自若，谈笑弈棋，饮酒食肉，全无痛苦之色，正表现了这位英雄的非凡勇气。借用华佗的话说："某为医一生，未尝见此，君侯真天神也，"曹操则是另一副模样，刚听了华佗的诊治方案，即疑心"汝要杀孤耶"，"呼左右拿下狱中，拷问其情"。这充分暴露了曹操其人疑心太重和专横残暴，将曹操的性格刻画得入木三分。

4. 华佗之死

"游学徐土，兼通数经。沛相陈珪举孝廉，太尉黄琬辟，皆不就。"《三国志》的这段记载，描绘了华佗的不愿出仕的"隐士"形象。不过他并不穷居荒山，而是悬壶济世，行迹满天下，算得上"隐于市"的人物。并且华佗"恃能，厌食事"，相信自己可以靠医术生活，而不乐意做拿俸禄的医官。就是这样一个真隐士，曹操杀了他。

据《三国志》记载，华佗医术高超，又热心为百姓诊治，因而在民间享有很高的声望，声名远扬，曹操患头疼病，后来因亲自处理国事，病情更加严重，"太祖闻而召佗，佗常在左右。太祖苦头风，每发，心乱目眩，佗针鬲，随手而差。"曹操听说后，派人将华佗召去，令其守候在左右专门为自己治病。因为他有"头风"（可能是三叉神经病），"每发，心乱目眩"，苦不堪言，

多方治疗不愈"。但是，华佗对当时做御医的状况并不满意，本是读书人，却被人看成是以医术为职业的，心里常感懊悔。他感到此病很难断根，要拖很长时间，"然本作士人，以医见业，意常自悔。"后因思念家室，请假探亲，但到家以后，辞以妻病，数乞期不反。"太祖累书呼，又敕郡县发遣。佗恃能厌食事，犹不上道。太祖大怒，使人往检：若妻信病，赐小豆四十斛，宽假限日；若其虚诈，便收送之。于是传付许狱，考验首服。"期间谋士荀彧请求曹操说："佗术实工（指医术确实高明），人命所县（悬），宜含宥之。"要求他宽容处置。但曹操不听，说："不忧，天下当无此鼠辈耶？"又看临行前献给曹操的药方，乃中药8味：木贼、寄生、乌头、防风、恶实、当归、天冬、滁菊各3钱。曹操颇为了解医术，仔细研究，乃祛风养血之品，最初深信不疑。后来病情发作，以方试之，初获小效，久服反觉无功。曹操天资聪明，细思方药，终大悟，怒杀华佗。《三国志》中的这一史实告诉我们——华佗死了，是曹操杀死了华佗。

　　荀彧向曹操求情说："华佗的医术确实高明，关系着人的生命安危，应该宽容赦免他。"曹操说："不用担心，天下会没有这种无能鼠辈吗？"终于判决了华佗死罪。华佗临死前，拿出一卷医书给守狱的官吏，说："这书可以用来救人。"狱吏害怕触犯法律不敢接受，华佗也不勉强，讨火来把书烧掉了。东汉末年的著名医学家华佗被曹操杀害，已成定案。对此，曹操亦不否认，多次公开承认华佗是他杀害的，如《三国志·华佗传》就记载有："小人养吾病，欲以自重，然吾不杀此子，亦终当不为我断此根源耳"，"及后，仓舒病困，太祖叹曰：吾悔华佗，令此儿强死也"。但曹操为何要害华佗？却值得分析。

曹操为何要杀掉华佗呢？《三国演义》对此的解释可谓深入人心。在该书的第七十八回中，罗贯中详细地描写了曹操杀华佗的经过。曹操为了造建宫殿，亲自挥剑砍伐跃龙祠前的梨树，得罪了梨树之神，当晚就做了个噩梦，惊醒之后便得了头痛顽症，遍求良医，均不见效。后来，华歆向曹操举荐了华佗，曹操立马差人星夜兼程将华佗请来为他看病。华佗认为曹操头痛是因中风引起的，病根在脑袋中，不是服点汤药就能治好的，需要先饮"麻肺汤"（也就是人们所熟知的"麻沸散"，是华佗发明的一种麻醉剂），然后再用利斧砍开脑袋，取出"风涎"，才可能去掉病根。多疑的曹操以为华佗是要借机杀他，为关羽报仇，于是命令左右将华佗收监拷问，致使一代神医屈死在狱中，而华佗所著的《青囊书》也因此失传。曹操是因疑心华佗有为关羽报仇之嫌，没有采用华佗"开颅取涎"的治疗方案，反将华佗投置狱中，拷打至死。华佗被处死后，曹操头风病犯了的时候，无人医治，就越来越重，十分痛苦，但他仍在怨恨华佗，说华佗明明能根除他的病，却不一次治好，借此来抬高自己，就算不杀他，他也不会为自己治好病的。直到他的爱子仓舒病危时，才叹息道："我后悔把华佗杀死了，否则我的孩子也不会死了。"

对于华佗的被杀，历来都以为华佗医德高尚，没有过失，责任全在曹操。根据史书，华佗确实有高尚的医德，死前还希望通过狱吏把自己写下的医疗经验公之于世，救人活命。他不幸被杀，也一直为人们所痛惜。《三国演义》把华佗被诛杀的原因归为曹操的多疑，毕竟属于艺术虚构，不足为据，自然不会被大多数人所认可。近几年来关于曹操为何诛杀华佗，中外学者也做了大量的研究，并提出了许多不同的观点，概括起来有以下几种观点：

最主要的一种观点认为曹操诛杀华佗的原因在于华佗深受儒家思想影响，入仕做官才是其人生目标，有弃医从政的欲念，而且他"为人性恶"，因此就利用为曹操治病的机会，两度要挟，但曹操看他没有为官的才能没有加封，华佗对于此耿耿于怀，就故意延误曹操的病情，辞家不归，触怒曹操，结果被杀。华佗冒犯并触怒了曹操，而曹操并没有把华佗当成一个"人"来看待，更没有尊重华佗的人生选择。这可能有两个原因：一是华佗才气大，颇为自负，认为陈珪、黄琬荐举的官职都不大，不肯为之；二是他已经迷恋上医学，不愿为此小官而抛弃所喜好的医学。而这两点原因归根到底就是华佗嫌官位太低。但是其实这是站不住脚的，东汉时期，除世袭之外就是举荐制，而且都是从孝廉做起。华佗如果热衷于仕途，他怎能错过这样的机会。由此可知华佗对功名利禄是不屑一顾的，绝不是那种企踵权贵、投机钻营、图谋仕途之人。对待曹操，态度也是如此，可以为其治病，但不愿长期服侍左右。所称华佗"厌食事"，即他不愿混迹于达官显贵之间，受人指使，为其效力。因此，说"华佗原想通过给曹操看病，接近曹操，指望他这位权力很大的同乡封他一个官位"，是立不住脚的。

我认为曹操之所以诛杀华佗一方面是他的政治权威遭到了华佗的否定，另一方面他认为华佗对于他没有使用价值。华佗并不愿在乱世为官。在封建社会里，读书人大多以出仕为荣。而华佗则不然，其终身以医为业，矢志不移。社会环境正是其放弃仕途的重要原因，东汉桓帝、灵帝之际，外戚宦官交替专权，朝纲不正，政出私门，卖官鬻爵，贿赂公行，人民陷入了深重的苦难之中，华佗立志弃绝仕途，以医济世。华佗少时"游学徐土，兼通数经"，对儒家学说颇有研究，但无意仕途，"沛相陈珪举孝廉，

太尉黄琬辟，皆不就。"华佗并没有弃医从政的思想。陈寿《三国志·华佗传》说华佗"然本作士人，以医见业，意常自悔。"因此便有学者认为华佗有弃医从政的思想。但是，"佗之绝技，皆此类也。为人性恶，难得意，且耻以医见业"这句话在范晔《华佗传》中是在"曹操闻而召佗，常在左右"之后。陈寿《华佗传》中"然本作士人，以医见业，意常自悔"句也是在"太祖闻而召佗，佗常在左右"之后。显然，华佗引以为耻的，并不是从医这个职业，而是"常在曹操左右之侍医"。侍医供人使唤，形同仆役，何况以治病救人为己任的华佗对曹操为报父仇杀了徐州全城百姓自然不满，曹操要华佗专侍，华佗自然不肯依从。虽能依附权贵，却非华佗理想。士人追求的是精神上的通达，而非声名、地位的显赫，遭受胁迫，这些是华佗以为可耻的。华佗无意于仕途而专事医药，不愿做官，愿为良医，华佗"常自悔"的是不能作为一个具有"独立精神，自由思想"的医生，后悔只能困于曹营被蔑视为桀骜不驯的"小人"、"鼠辈"。所以不能从"以医见业，意常悔之"，就盲目断定华佗有弃医从政的思想。

　　华佗辞曹归乡的真正原因一方面是不愿当侍医，另一方面是思乡心切。封建社会是一个专制的社会，封建统治者非常注重自己的绝对权威，常常要求属下对自己绝对服从。当他们的权威受到属下否定时，除非在政治需要的情况下，会采取宽容的态度，否则，往往会采取轻重不同的方式进行制裁，甚至不惜剥夺对方的生命，来维护自己的权威和尊严。官渡一战之后，曹操平定了北方，成为当时北方的实际统治者，朝中的大臣劝他晋封为魏王。这使曹操的自尊心和权力欲得到了极大满足。他和多数封建统治者一样，在自己位高权重的时候，就想在各个方面来突出显示自

己的威严。虽说曹操效仿周文王没有称帝，但在他的内心，自己就是皇帝，下属就是臣子，他的号令、他的意见就是铁律，下属必须无条件执行，否则就必须受到严惩。正因为如此，他的属下绝大多数对他是尽心尽力、尽忠尽勇，久而久之，他的实际地位远远超过了汉献帝。华佗从小饱读经书，深受儒家思想影响，作为一名医生，他身怀济世救民的理想。在曹操成为实际统治者之后，就架空了汉献帝，华佗自然就会有不愿与曹操为伍的想法，在曹操"使佗专视"的情况下，他就以"妻病"为由，返回家乡。即使是曹操多次下诏催促，华佗仍不理会。因此，华佗违抗了曹操的命令，欺骗了曹操，使曹操的政治权威受到了否定，使曹操的自尊心受到了伤害。这对于曹操来说是无法忍受的，华佗犯了"不从征召罪"和"大不敬罪"，即便是荀彧以"佗术实工，人命所县，宜含宥之"来为华佗求情，但曹操还是依据汉律处死了华佗。曹操是一个实用主义者，在曹操的身上无时无刻不体现着一种实用主义精神。他注重的是收获、效果和事实，用曹操自己的话可以概括为："是以不得慕虚名而处实祸。"

曹操自身有时也体现着矛盾的双重性格。他有时嗜杀成性，有时又悲天悯人；他既宽容仁让，又睚眦必报。他为报父仇，征伐陶谦，死者数万；为保全自己，杀掉了吕伯奢全家。同时他又对百姓极其体恤，"其令死者家无基业不能自存者，县官勿绝廪，长吏存恤抚循"。他能够宽容写檄文辱骂他的陈琳，又容不下对其立过汗马功劳的荀氏叔侄。这看似矛盾的性格事实上很好解释，其实曹操做事的一个准则就是实用。一个简单的法则就是对我有用则留，无用则诛。曹操是一个很关心民生疾苦的人，无论从《对酒》"人耄耋，皆得以寿终。恩德广及草木昆虫"，《蒿里行》

"生民百余一，念之断人肠"这些感人肺腑的诗句还是他体恤百姓的诏令里，都能让我们感受到曹操对百姓的体恤和关爱。但是一旦是触及到了自己的利益，无论是百姓还是官员，曹操是绝对不会不留情的。所以死在曹操手下的人可以说是不计其数。但是曹操"留"和"诛"的标准就是"对自己有用还是没用"。他为了平定北方，扩张自己的领土，并不怜惜百姓的生命，大肆屠杀。"术走襄邑，追到太寿，决渠水灌城"；"太祖征（陶）谦。攻拔十余城，至彭城大战。谦兵败走，死者万数，泗水为之不流"；"五月，毁土山、地道，作围堑，决漳水灌城，城中饿死者过半"。为了自己的政治目的，他可以不计前嫌，重用有杀子之仇的张绣，将反复无常的张鲁一家封为列侯。当他认为一个人危及自己的利益，又对自己没有"使用价值"的时候，便毫不留情，他处死了边让、袁忠、杨修、孔融等，逼死荀彧、荀攸。但他在杀死杨修之后又带着重礼去探望其父杨彪；逼死荀彧、荀攸之后又下令褒奖他们，厚待他们的后人。这些行为也只不过是出于大局和政治上的需要。

　　传说华佗在被曹操监禁之后，在狱中写了一封信给他的妻子。妻子得到这个不幸的消息，便带着干粮，连夜步行到许昌去探望华佗。谯郡离许昌有五百多里地远，当她还没有赶到许昌的时候，华佗就已经遇害死了。可是他的妻子哪里知道啊，她还是走啊走啊，走了好多天。这一天，走到已经离许昌三十多里的一个小村庄上，她向村民讨杯水喝，顺便问道："大爷，这里离许昌还有多远啊？""不远，就三十里地了。"村民回答。"从哪里走？""从村西官道向南一直沿着大路走，就可以到许昌了。"村民问她："大嫂，你不是此地人吧？""我是谯郡人呢。""那这么远一个人

到许昌干啥啊？""是去看望我丈夫的。""你丈夫叫啥名字？""他是医生，名字叫华佗。""呀，华佗！"村民们一听是华佗的妻子，都止不住哭出声来。华佗妻子问道："你们哭什么啊？"村民用手指着庄西头沙丘上的新土堆，对华佗妻子说："华佗已经死在狱中了，那就是他的坟墓啊！"华佗妻子听说丈夫已经死了，如五雷轰顶般呆立在那里。过了有一阵，才放声大哭起来。她连着哭了三天三夜。全村的人都被她感动，也都十分怀念华佗，一起皆哭。哭出的声音，连许昌城都听得到！最后，华佗的妻子哭死在丈夫的坟前。后来，人们为了纪念她，就把这个小村庄改名叫"哭佗村"。

总之，曹操诛杀华佗，既有华佗的不谙时事，更多的则是出于曹操个人的私利。在中国的文化理念中，曹操是奸臣，"挟天子以令诸侯"、"宁可我负天下人"的否定性形象也早就已经在中国人的心目中根深蒂固。因此，站在曹操对立面的上华佗自然地具有了正义的色彩、英雄的气质。在人们的心目中，华佗是以生命为代价与强权和邪恶进行着抗争。这很符合中国人的审美心理。在"强与弱"、"善与恶"、"正与邪"的二元对立中，彰显了历史的悲壮，唤起了民众对历史主人公的钦慕、仰敬。别林斯基曾经说过：悲剧"强烈地控制了我们的灵魂，以如此不可抗拒的魅力，使我们心向神往，给我们如此高度的享受。……我们深深同情斗争中牺牲的或胜利中死亡的英雄，但是我们也知道，如果没有这个牺牲或死亡，他就不成其为英雄，便不能以自己个人为代价实现永恒的本体力量，实现世界的不可逾越的生存法则了。"在此，"华佗之死"的事件已超越了"实证主义历史"的客观真实性，而具有的审美学和伦理道德上的价值与意义，并在民众的集

体意识中形成了种种永恒性的"观念"。华佗是集美善于一身的具有历史超越性的精神象征，他已经凝固成了一个文化符号，是中华民族守望健康的理想寄托。历史中的华佗究竟怎样已经不再重要，因为人类的意识已经超越了历史实证主义的局限性，我们需要在一个具体可感的历史形象中赋予自己的理想人格和价值。华佗的意义不在于他是否是一位好医生，而在于他是中国医学发达领先的代表。华佗的形象象征着人类追求自由的精神诉求，同时也是人类美好理想的寄托。

二、外科医术

　　我国外科学具有悠久的历史，在周代就已经发展到了一定的水平，《周礼》记载的医学分科中，出现了专门的外科医生"疡医"，负责治疗"肿疡"、"溃疡"、"金疡"、"折疡"一类的外科疾病。说明当时外科已经发展到了一定的水平，否则不会有专科医生的出现。秦汉以后，更是不断涌现出外科名医，技术也在不断地提高，出现专门的论著和杰出的手术病例，在世界曾处于领先的地位。而号称"建安三神医"之一的华佗，就被历代医家尊奉之为"外科鼻祖"。

　　华佗是我国医学史上为数不多的杰出外科医生之一，他善用麻醉、针、灸等方法，并擅长于开胸破腹的外科手术。外科手术的方法并非建立在"尊儒"的文化基础上的中医学的主流治法，在儒家的"身体发肤，受之父母"的主张之下，外科手术在中医学当中并没有大规模地发展起来。

1. 麻　醉

　　华佗在外科上的贡献，首先在于发明了麻醉术。于公元二世纪发明的麻醉剂——麻沸散，实在是世界医学史上的一个伟大的

创举。据说在麻沸散发明之前,远古时期对患病需要手术的人,一定要先捆绑起病人的手脚,先用木棍将其击晕,或者使用放血的方法使其昏迷,再实施手术进行救治。直到秦汉左右,才开始服用药酒和单纯地使用止痛药物。比如在《列子·汤问》中就记载了扁鹊在为鲁公扈和赵齐婴手术前,让二人饮用毒酒,使其"迷死三日,剖胸探心"。而华佗则是首先用麻沸散做全身麻醉,再进行开腹手术。《三国志·魏志·方技传》记载华佗医治病人时:"便饮其麻沸散,须臾便如醉死,无所知,因破取(腹腔肿物)"。《后汉书·华佗传》也有类似的记载:"若疾发结于内,针药所不能及者,乃令先以酒服麻沸散,既醉无所觉,因刳破腹背,抽割积聚。若在肠胃,则断截湔洗,除去疾秽,既可缝合,傅以神膏,四五日创愈,一月间皆平复。"有一天,有个突患肚子痛的病人来找华佗诊治。华佗经过诊视后对病人说:"你的脾烂了,必须切去,才能保住性命。"病人很相信华佗的医术,欣然同意。华佗给病人用酒冲服了麻沸散,不一会,病人就像熟睡一样失去了知觉。华佗熟练地打开病人腹腔,把烂掉的脾切去,然后再缝合,涂上神膏,病人醒来后又给他开了汤药。一个多月以后,病人就平复如初了。这段记载文字不长,给人留下的印象却十分深刻。从这段记载来看,当时华佗利用麻沸散进行的全麻手术至少有脾切除、清理腹内肿块、断肠吻合或胃肠吻合等几种,而且,从手术步骤的描写、特别是缝合后敷以生肌收口的"神膏"来看,当时手术的细节也是较为完备的了。华佗的手术麻醉效果较好,技术较精巧,这样的手术即便在今天,仍然还算是较大的手术。而且其手术缝合的刀口四五天即愈,这与现代在无菌操作下的手术刀口愈合期是一致的,说明当时很讲手术的清洁,其所记载的神膏,也

很可能是一种很好的消毒药膏,所以取得了较好的疗效。华佗的这种全身麻醉手术,在我国医学史上是空前的,在世界医学史上也是罕见的,具有重要的地位,华佗是世界上第一个采用全身麻醉做手术的人,比西方发明麻药早1600多年。

利用某些具有麻醉性能的药品作为麻醉剂,使人失去暂时的意识和知觉,并非为华佗最早运用,在华佗之前就已经有人使用了。但是,他们或者用于战争,或者用于暗杀,或者用于玩弄权弄,并没有真正用于动手术治病。华佗根据乌头、莨菪子、麻黄、羊踯躅等功效的记载,又加入曼陀罗等几种具有麻醉功效的药物,配成药方成为麻沸散,华佗总结了这方面的经验,又观察了人醉酒时的沉睡状态,发明了用酒服食麻沸散的麻醉术,正式应用于外科医学,从而大大提高了外科手术的技术和疗效,同时扩大了手术治疗的范围。大的外科手术,能否顺利进行和取得成功,和麻醉是否理想关系密切。华佗在一千七百年前,所以能成功地进行这样高明和成效卓越的腹腔外科手术,和他已经掌握了麻醉术是分不开的。

根据日本外科学家华冈青州的考证,麻沸散的组成是曼陀罗花一升,生草乌、全当归、香白芷、川芎各四钱,炒南星一钱。自从有了麻醉法,华佗的外科手术更加高明,治好的病人也就更多。他治病时碰到那些用针灸、汤药不能治愈的腹部疾病,就叫病人先用酒冲服麻沸散,等到病人麻醉后没有什么知觉了,就施以外科手术,剖破腹背,割掉发病的部位。如果病在肠胃,就割开洗涤,然后加以缝合,最后敷上药膏。四五天后伤口愈合,一个月左右,病就全好了。华佗在当时已能做相当于肿瘤摘除和胃肠缝合一类的外科手术。据说有一次,有个推车的病人,曲着脚,

大喊肚子痛。不久，气息微弱，喊痛的声音也渐渐小了。华佗切他的脉，按他的肚子，断定病人患的是肠痈。因为病势凶险，华佗立即给病人用酒冲服下"麻沸散"，待麻醉之后，又给他开了刀。这个病人经过治疗，一个月左右病就全好了。华佗的外科手术，得到了历代名医的推崇。明代陈嘉谟的《本草蒙筌》引用《历代名医图赞》中的一诗作了概括："魏有华佗，设立疮科，剔骨疗疾，神效良多"。可见，后世尊华佗为"外科鼻祖"，是名副其实的。可惜，华佗所创制的酒服麻沸散后来失传了，这是中国医药学史上的一大损失。

华佗发明麻沸散的背景和经过，史书并没有详细的记载。一般认为有以下几种因素：第一，当时华佗正在河南、安徽、江苏一带活动，这些地方都是当时魏、蜀、吴三国相争的战略要地，战事频繁，百姓士兵伤病的大量出现，在客观上对外科手术的发展提出了迫切要求；魏、蜀、吴三国鼎立之时，战争相当频繁，军队和老百姓受伤、生病的很多。华佗是当时最有名的医生，伤病人员都请他来治疗。由于那时没有麻醉药，每当做手术时伤病员都要忍受极大的痛苦。传说有一天，华佗为一个患烂肠疹的病人破腹开刀。由于病人的病情较为严重，华佗忙了几个时辰才把手术做完。手术做好后，华佗累得筋疲力尽。为了解除疲劳，他喝了些酒。华佗因为劳累过度，又加上空腹多饮了几杯酒，一下子喝的酩酊大醉。躺在那人事不省，他的家人被吓坏了，用针灸针刺人中穴、百会穴、足三里，可是华佗依旧没有什么反应，好像失去了知觉似的。家人摸他的脉搏，发现跳动正常，这时才相信他是真的醉了。又过了两个时辰，华佗醒了过来。家人便把刚才他喝醉后给他扎针的经过说了一遍。华佗听了之后大为惊奇：

华佗

为什么给我扎针我还不知道呢？难道说，喝醉酒能使人麻醉失去知觉吗？几天以后，华佗再次作了几次试验，得出结论是：酒有麻醉人的作用。后来动手术时，华佗就叫人喝酒来减轻痛苦。可是有的手术时间过长，刀口较大，流血较多，光用酒来麻醉还是不能解决问题。又一次华佗行医时又碰到一个奇怪的病人：病者牙关紧闭，口吐白沫，手紧紧的握拳，躺在地上一动不动。华佗上前查看病人的神态，按他的脉搏，摸他的额头，可是一切都很正常。他问患者的家属，病人过去是否患过什么疾病，患者的家人说："他的身体非常健壮啊，什么疾病都没有患过，就是今天误吃了几朵臭麻子花（又名洋金花），才得了这种病症的"。华佗听了患者家人的介绍，连忙说道："快找些臭麻子花拿来给我看看"。患者的家人把一棵连花带果的臭麻子花送到华佗面前，华佗接过臭麻子花闻了闻，看了看，又摘朵花放在嘴里尝了尝，顿时觉得头晕目眩，满嘴发麻："啊，好大的毒性呀！华佗用清凉解毒的办法治愈了这名患者，临走时，他什么东西也没要，只要了一捆连花带果的臭麻子花。从那天起，华佗开始对臭麻子花进行试验，他先尝叶，后尝花，然后再尝果根。实验结果表明，臭麻子果麻醉的效果很好。华佗到处走访了许多医生，又收集了一些具有麻醉作用的药物，经过多次不同配方的研制，终于把麻醉药试制成功了。他又把麻醉药和热酒配合服用，发现麻醉效果更好。因此，华佗给它起了个名字，麻沸散。

第二，当时一般的医生治病，最常用的方法是针灸、汤药、按摩、烫熨等等，但是如果腹内有了症疲积聚，又为针药所不及的时候，那就只好束手待毙了。华佗可能是在客观需要的促使之下，决心寻找一种无痛而又安全的麻醉方法，一方面可以顺利地

进行外科手术，减轻患者的痛苦。一方面又可以破腹剖背，抽割积聚，除去病患的部位。当时药物学的发展已经为华佗发明麻沸散创造了前提条件。因为，《神农本草经》中已经记载了乌头、莨菪子、麻黄、羊踯躅等药品具有麻醉作用，而且，司空见惯的酒醉可使人昏睡的事实也可能给华佗以创造的启迪。可以说，以酒送服麻沸散的全身麻醉方法，就是在以上的背景和条件下产生的。华佗发明麻沸散在全身麻醉的情况下进行腹部手术，这在世界医学史上实在是一件了不起的成就。华佗是世界上第一个发明麻醉剂和使用它进行全身麻醉的医学家。因为，西方麻醉术的发明与健全，仅有一百多年的历史。在这以前，西方外科手术的方法一直是相当"野蛮"的：他们或者把病人绑在手术台上生生地硬制，或者把病人击昏后趁机施术，或者用慢慢放血的方法使病人昏迷后开刀。1800年，英国人才发现氧化亚氮能在外科手术中起麻醉作用；1842年法国人发现二氧化碳可以作麻药，但只用于动物试验；1844年，美国人柯尔顿开始将笑气（NZO）做全身麻醉剂，用于手术成功，但效果不太理想；直到1848年，美国人莫尔顿开始用乙醚，西方医学的麻醉术才有了飞速的发展。但是，这比起华佗发明麻沸散来，已经迟了一千六百年多了。当然，近人对于华佗的外科大手术是有存疑的，有人以为在当时的条件下做腹部大手术是不可能的。我的看法是：华佗的全身麻醉手术，固然不可能像当代外科手术那么细致缜密、那么安全可靠，但是决不能因此而采取虚无主义态度，根本不承认史书有明确记载的事实。欧洲人所著《世界医学史》也承认，阿拉伯医生懂得用麻醉药，是从中国学来的。况且，《后汉书》的作者范晔（公元398—446年）生活的年代离华佗不过二百多年，《三国志》的作者陈

寿（公元 233—297 年）生活的年代离华佗去世更仅有几十年，而《后汉书》关于华佗的记载又是取材于《三国志》。这样看来，华佗的事迹是可信的。在没有确凿的反证以前，不能轻率地否定史书对此的记载。

关于麻沸散的药物组成，已经不能确切的考证。相传共有两种组方：其一，羊踯躅三钱，茉莉花根一钱，当归三两，菖蒲三分（见《华佗神方》、张骥《华佗传补注》）；其二，曼陀罗花（洋金花）一斤，生草乌、香白芷、当归、川芎各四钱，天南星一钱（日本华冈青洲所收之经验方）。此二方皆不可信。近人多认为麻沸散的主药可能是洋金花，现今临床上中药麻醉术所用的即是洋金花提取物；也有人认为麻沸散的主药是麻费，即毒品大麻。此可备一说。华佗一生当中有医著多种，可惜都没有流传下来，其原因非止一端。《后汉书》记载，华佗被害时，曾欲将医书一卷赠送给狱卒，但狱卒害怕获罪于曹操的严法，不敢收受。华佗亦不强加于人，就一火焚之以了事。其实，华佗所焚只是其著作的一部分，当时还有《观形察声并三部脉经》一卷、《枕中灸刺经》一卷（据《隋书·经籍志》）、《乍佗内事》（据《梁七录》），以及《华佗方》（吴普撰）、《五禽六气诀》等，这些书的佚失是在汉以后的事了。今天我们看到的《中藏经》《华佗方》，实为后人托名之作。《世界麻醉史》的作者西欧普士写道："阿拉伯医学提及的吸入麻醉术，恐从中国人学来，被称为中国希波克拉斯（古希腊的著名医学家）的华佗很精于此术。"

2. 手 术

华佗为患者进行手术最早见于《后汉书·华佗传》，陈寿《三

国志·华佗传》中亦有类似的记载。关于华佗施行剖腹手术的可能性是不宜轻易否定的。理由是：其一，陈寿生活的时代（公元233—297年）与华佗（？—208年）相去不远，故有很大的可信性。其二，《列子》中有扁鹊为鲁公息、赵齐婴"饮以毒酒，剖胃探心"的记载，远远早于华佗。《史记》记述上古名医俞附，能"割皮解肌，渝院肠胃，漱涤五脏"，同书《楚世家》记述楚王先祖陆终的妻子"析（就是裂的意思）剖而产焉"。陆终是远古帝喾（执政年代为公元前2436—前2367年）时代火正祝融的儿子。以此来推算，早在四千多年前就已经能进行剖腹手术了。而且根据最新的考古发现，我国青铜冶炼技术的产生是在父系氏族时代。在陕西省兴平县一座1700多年前西汉皇家陵的古墓里，曾出土一把长1.1米的古剑，发现时剑已经被坍塌的墓土压成近一百八十度的弯弓状，但在清除压在剑上的坍土时，铁剑突然反弹又复原成垂直状，说明此剑坚韧性十分强，锻造技术也已达到非常高的水平了，这就为早期外科手术的顺利开展提供了物质条件。再从《内经》里已经有比较正确的解剖知识，和《五十二病方》中记述割治化痔的那种非常巧妙的手术设计，以及《武威汉代医简》记有"治金疮（创）肠出方"等来看，华佗在继承前人经验的基础上加以发展改进，并结合应用"麻沸散"的麻醉方法，施行剖腹手术，是有一定的可能性的。其三，酒服麻沸散的可信度也是有的。《战国策·魏策》说："昔者帝（禹）女令仪狄作酒而美……"说明在四千多年前已经能够制酒了。战国《世本》说："少康（公元前2118—前2068年）作秫酒。"苏颂《图经本草》说秫是粘黍，即粘高粱，推知所酿的酒是白酒。秫酒很早就已经应用于医疗，如《素问》中有汤液醪醴专论，《灵枢·经筋》篇治口

僻"以白酒和桂以涂其缓者"的方法,张仲景有"括篓蓬白白酒汤"等等。《五十二病方》中有用醇酒和芥菜子等药饮之,"令金疮(创)毋痛"的处方,已属于麻醉剂。同书中还有用酒与温水对被犬啮者清疮、止痛、消毒的方法,并叮嘱"毋(以)手操痛"(不要用手接触创口),说明当时已经具有了消毒的观念。

从有关的记载来看,华佗时代的医生们施用开刀手术以医治某些种疾病,并不是偶然的或个别的医例,而已经成为较为普遍的事情。《三国志·魏志·贾逯传》注引《魏略》说:"(贾逯)与典农校尉争公事,不得理,乃发愤生瘿,后所病稍大,自启愿欲令医割之。太祖惜透忠,恐其不活,教谢主簿:吾闻'十人割瘿九人死'。连犹行其意,而瘿愈大。"曹操怕贾述让医生开刀割瘿会有生命危险,遂用"十人割瘿九人死"的口头语来劝阻贾透不要割瘿。根据这条记载,不但可知这个替贾透割瘿的人不是华佗而是另外的某个"医者",而且可知当时用割除的方法来治瘿的现象已经是较为常见的了。通过上面两段史料可以看出:华佗时代的开刀术已经比较普遍的施用于医学界,很多医家都可以为患者手术,而并非只有华佗才有此能。据说王莽曾经准许医者可以用死囚犯人的尸体来做医学解剖。如果这个传说可信,那么至少在西汉末时这种开刀医术已经进入到探索阶段。《灵枢》卷三《经水》记载:"若夫八尺之士,皮肉在此,外可度量切循而得之,其死可解剖而视之。"这是汉语中"解剖"一词的首先出现。《汉书》卷九九《王莽传》:"翟义党王孙庆捕得,莽使太医、尚方与巧屠共刳剥之,量度五藏,以竹筳导其脉,知所终始,云可以治病。"可能稍晚于华佗时代成书的《八十一难经》中也记载有大量的关于人体各个内脏器官的度量数据。当然,这些解剖活动所带

来的人体结构知识可能并不准确，但是却能促使我们产生联想——华佗对于人体结构的认识很可能自有渊源，并非空穴来风。如果说这些解剖行为构成了那个时期的医学文化观的话，那么它们很可能就是华佗敢于操行腹腔外科术的重要因素之一。当然，这种"解剖"很可能是较为粗浅的，并且它所带来的疗效恐怕也是很有限的，但在经历了一二百年之后，到了华佗时代，开刀医术已经较为广泛地用于临床治疗中，这是必然的。在古代所施行的各种开刀手术中，难度最大的莫过于剖腹手术。华佗在这方面有突破性的成就，而且是用麻醉药来配合进行的，这真是十分了不起。所以他能够获得美誉，被称为神医。他亦理所当然地应成为当时开刀医术的代表人物。由于华佗被杀，他高明的开刀医术因此而失传。陈寿在《华佗传》中讲到华佗的两位弟子时就未讲到他们能用开刀医术医人，可见华佗的开刀医术并未传世。但其他医者的医术就正常地在发展和流传下去，外科手术诸如割瘤、截肢、拔牙、补唇等医术都可见记载于史籍，都大约发生在魏晋时代。例如《魏略》云："晋景帝先苦瘤，自割之"。（《太平御览》卷七百四十疾病部三）就是关于割瘤的记载。《晋书·庐钦传》记："钦子浮，……病疽截手，遂废。"这是关于截肢的记载。《晋书·温娇传》说温娇："有齿疾……拔之。"这是关于拔齿的记载。《晋书·魏咏之传》讲魏咏之"生而兔缺（指唇部开裂）……荆州刺史殷仲堪帐下有名医能疗之。医曰：'可割而补之，但须百日进粥，不得语笑。'"这是关于补唇的记载。所有这些医例，都不是华佗所传，而离华佗时代又并不怎么远，最近的只相距几十年，那么，这些外科医术都是属于华佗时代的医术。

姑且不论"麻沸散"的配方究竟如何，对于麻沸散是麻醉药

这一点，意见是一致的。具备了清创、消毒的观念与方法、药物，麻醉药加上精良的手术工具，则华佗在总结提高前人经验的基础上，进行剖腹手术完全是有可能的，这实在是我国医学外科学术史上的辉煌成就。关于华佗手术的记载和传说就有很多：一天清晨，霞光曦微。有两个人用手推车推着一个病人到华佗的诊所来看病。病人腹部疼得厉害，面色苍白，两腿弯曲并且精神萎靡不振。华佗给病人摸了摸脉搏，而后轻轻地解开病人的衣服，用手按按肚子，病人突然怪叫了一声。他又仔细地望了望病人的神色，对病者的家里人说："生的是肠痈（阑尾炎），要立即开刀！"于是赶紧把病人抬上手术台。华佗让病人用酒送服"麻沸散"。过了不一会儿，病人就失去了知觉。又让徒弟给病人腹部涂药消毒。手术的准备工作完成了，华佗用消过毒的刀子将病人腹部剖开，他把手伸入腹腔，割去阑尾，再用药制的桑皮纸线缝好刀口，敷上特制的消炎药膏。做完手术，华佗告诉病人家属："过七、八天刀口就会长好，一个月后就可以参加劳动了。"

　　还有一次，一位病人来请华佗看病。病人叹着气，脸上流露出悲伤的样子，对华佗说："十几天前，我突然感觉腹中刺痛，最近几天，发现眉毛头发几乎掉光了。大夫，您看我这是什么病？"华佗仔细检查了病人腹部之后说："你这是脾腐烂了一半，必须动手术切除，否则性命难保啊！"病人十分信任华佗的医术，就同意华佗为自己治疗。于是华佗让病人先用酒服用"麻沸散"，等病人失去知觉后，再进行开腹手术，果然发现病人的脾已有一半腐烂了，华佗立即把烂掉的半边脾切掉，缝合好，敷上药，不到一百天，病人就痊愈了。

　　华佗外科医术存在的主要依据是史籍中关于华佗外科术的基

本要素与现代外科术基本要素的契合。基于实证基础的人体解剖和麻醉术的运用是现代大型外科手术的两块基石，而这两个要素在华佗时代都已经找到了存在的证据，人体解剖前文已经讲述，至于现代外科手术的另一大要素麻醉术，毫无疑问，华佗的麻沸散恰恰与之契合（麻沸散的运用大概也是华佗比他之前的那些外科手术实施者更成功的原因），麻醉的目的（施行手术）、全身麻醉的状态（须臾便如醉死无所知）、麻醉的效应（不痛，人亦不自寤），与现代麻醉术如此吻合，很难想象这一切都是某个毫无手术经验的人凭空虚构出来的。所以现存史籍中的华佗外科手术案例尽管实际上只有两条（本传正文中只有一条），外科手术在其医术生涯里大约也并不占据主要地位，然而华佗对于外科学的贡献是众所周知的，其"外科鼻祖"称号似已成为了一种共识。

然而两千年来国人对华佗的看法并非是一成不变的，尤其是他的外科手术的声誉可谓一波三折，尤其在世期间的巨大成就，到身后技艺的失传，再到后世对其事迹的逐渐怀疑，及于近代则又备受推崇，可以说有着一个马鞍形的历程。这一过程反映了中国传统医学发展的全貌，并且是西学东渐之后中医重新兴盛的真实写照。发现自有关华佗外科手术的记载主要有以下几条：《三国志》卷二九《华佗传》："若病结积在内，针药所不能及，当须刳割者，便饮其麻沸散，须臾便如醉死无所知。因破取。病若在肠中便断肠湔洗，缝腹膏摩，四五日差，不痛，人亦不自寤。一月之间即平复矣……又有一士大夫不快，佗云：'君病深，当破腹取，然君寿亦不过十年，病不能杀君，忍病十岁，寿俱当尽，不足故自刳裂。'士大夫不耐痛痒，必欲除之，佗遂下手，所患寻差，十年竟死。同卷载《华佗别传》："又有人病腹中半切痛，十

余日中,鬓眉堕落。"佗曰:"是脾半腐,可刳腹养治也。"使饮药令卧,破腹就视,脾果半腐坏。以刀断之,刮去恶肉,以膏傅疮,饮之以药,百日平复。沈约《宋书》记载:"景王婴孩时有目疾,宣王令华佗治之,出眼瞳割去疾,而内之以药。"司马师幼年曾经接受过眼部手术是确实发生的事情,施行手术者也许并不是华佗本人,而沈约将此归功于华佗,所依据的应为当时之传闻,此为当时华佗外科术声名显赫之重要例证。陈寿所依据的史料极有可能出自《华佗别传》,而此传作者与华佗是同时代人,果真如此的话,则证明传世文献中有关华佗外科术的种种传闻在华佗在世时就已经出现。当然,仅根据以上文字来研究华佗手术的技术细节恐怕是很难做到的,因为真实情况在口耳相传的过程中极可能已遭到有意无意地变形和夸大,医学史上这种现象是很普遍的。对于某位医生,如果对其存有信仰之心、有好感,则即便是批评之言,也往往一语带过,而是多夸耀其好处;存不信任之心的人,有恶感,则会诋毁过于夸耀。史籍中华佗的神奇大约也包含有"溢实过量之誉",但我们却不能因为部分细节的失实就否定华佗外科术的存在。

华佗在沛县的时候,有一天,陈珪部下的一名将官正在酒馆里喝酒,华佗碰巧也来到这个酒馆,在这里遇到了这位将官,华佗盯着他看了很长时间之后说:"你的脾肿大了,需要剖腹割除。"将官立即惊又气地问道:"你说什么?你怎么知道我的脾肿大了?"华佗说:"你的胡须眉毛已经松脱了,这说明你的脾已经肿大,必须割除了,否则就会又性命之忧。""我不信",将官年轻气盛,将信将疑的顺手把胡须一扯,果然扯掉了一小绺。将官吃惊地看着华佗问:"你是谁?你是怎么知道的?""我是医生,

我叫华佗。""华佗!"将官早就听过华佗的大名,却从未见过本人,连忙站起身来让座,叩问道:"华医生,那我的病能治吗?""能治,给你开刀剖腹,把坏死的脾脏割除就行了。""那人还能活吗?很疼吗?""吃了我的麻沸散,开刀不疼,过几天就会好了。将官知道华佗的名气,非常的信任华佗,便同意华佗给他剖腹治病。于是华佗找到一个安静整洁的地方,给将官服用了麻沸散,将腹部剖开,割掉坏死的脾脏,再用针线缝好,又敷上神膏,不久将官就痊愈了。将官的病被华佗治好后,到处宣传华佗的医术,说华佗是神医,会剖肚截肠,有起死回生之术。这消息一传十十传百,不久就传到陈珪那里,陈珪找来将官问道:"真有此事吗?""是的,就是华佗替我剖腹割脾。"将官回答。"此人何方人士,现住在何处?"陈珪又问。"家住在谯郡,现在正在此地行医呢。"陈珪于是让这位将官带路,同这位将官一同去拜访华佗。陈珪问华佗:"听说你有起死回生的本领?""岂敢岂敢,本人只是一个乡村医生,才疏学浅,惭愧惭愧。"华佗谦虚的回答。"你有这么高的本领,不应该在乡间受劳碌之苦,应食君禄,为国家效力,我向黄太尉举荐你为孝廉如何?""不必如此,谢大人好意。"华佗婉言拒绝了陈珪的好意。"好吧,那日后再说吧。"陈珪离开后,将此事告知太尉黄琬,黄琬听了十分诧异,于是正式下书举荐华佗为孝廉。华佗接到命令后来见黄琬,在表示谢意之后说:"小民从小便立愿行医,救民苦难,官是不做的。"陈珪一时语塞,说:"做个贫民医生有什么好啊,再好的医生也不过是个下等人,再说你当个民间医生,下乡治病,上山采药,终日奔波劳碌,受尽风霜之苦,又是何必呢?"华佗听了欠身说:"我不图高官厚禄,不图慕虚名,只要解除贫民疾苦,就是我平生之愿

了。"黄琬见华佗执意不肯做官，感动地说："难得你一片为民的真心啊！"

有一天，华佗行医归来已是很晚，十分劳累，疲惫不堪，晚饭没吃就上床睡了，他的妻子对吴普说："你师父太累了，今晚就让他安静的睡一晚吧，有人敲门求医，就说他不在家。""是啊，师傅是该好好的休息一晚啦。"吴普回答。果然，深夜时有人来找华佗看病，吴普回答说华佗不在家，明天早晨再来吧。敲门的人一听华佗不在家，便在门外大哭起来："今夜请不来华神医，我丈夫就没有救了啊。"华佗被哭声惊醒，听说有病人，马上爬起来，他的妻子连忙拉着他说："你太累了，赶紧歇歇吧，瞧病还有明天呢。""胡说"，华佗边穿衣服边说，"事有缓急，病有轻重，看病就是救命，救命如救火，慢一步就要耽误人家的性命啊！快打开门让病人进来。"开了门，病人被抬了进来，病人的妻子见到华佗，跪在地上就叩头。华佗连忙拉起她，走上前去看病人，经过诊断，此人得的正是"阳肠疾"（肠梗阻），阳肠已经溃烂，针灸的方法已经无效，必须开刀，剖肚截肠。事不宜迟，华佗师徒不多时就做好了术前的准备工作，在自己的卧室里做起手术来。手术后，华佗对吴普说："这病要如果再迟上一顿饭的工夫，就没救了，这多么危险啊，你为什么要说假话呢？""师傅，我……""今后不要说谎"，华佗说，"医生对病人说谎，是要害死人的。"看着华佗给人剖肚截肠，可把他的妻子吓坏了，对华佗说："你，你真是狠辣啊，活生生的人肚子就这样被你给剖开啦……""嗯！"华佗说，"无狠不成医。要狠，首先要心慈，对病人愈爱，就愈有剖肚时的狠劲，一个好医生的良心，是不允许只想到自己的得失，而不为病人着想的。"妻子和徒弟吴普听了很惭

愧，频频点头称是。

3. 针 灸

针灸疗法是中医创造的一种独特的医疗方法，针灸疗法的特点是在病人身体的一定部位用针刺入，或用火的温热刺激患部，以达到治病的目的。前一种称为针法，后一种称为灸法，二者统称为针灸疗法。针与灸虽然是两种用具不同的外治方法，但它们都是通过作用于人体的一定部位，主要是对于某一经（腑脏）的病变，在其病变的临近部位或经络循行的远隔部位上取穴，以调整经络气血的功能活动，激发机体的"经气"，从而达到预防和治疗疾病的目的。接受针、灸刺激的部位称为腧穴。腧穴在生理上是人体脏腑经络气血输注于体表的部位；在病理上是内在疾病反应于体表的部位；针灸的根本作用就在于调整生理机制的各种功能。早在史前时期，先民就发明了用砭石治病的方法，原理就相当于现在的针灸。到了扁鹊的时候，针灸的应用已经十分普遍，直到秦汉时期，针灸疗法一直在临床治疗中居于重要的地位。

华佗不但精通于诊断和方药，首创用全身麻醉法施行外科手术，而且在针术和灸法上的造诣也十分的令人钦佩。他每次在使用灸法的时候，不过取一两个穴位，灸上七八针，病就好了。用针刺治疗时，也只针一两个穴位，告诉病人针感会达到什么地方，然后针感到了他说过的地方之后，病人就说"已到"，他就拔出针来，病也就立即好了。另外，他创用了夹脊穴，"……点背数十处，相去一寸或五寸……灸处夹脊一寸上下"。即自第一椎之下至第十七椎下，每椎从脊中行旁开五分处取穴，左右共三十四穴。华佗使用针灸的方法，急救了许多猝死、中恶、缢死、霍乱等病

人，施行了数百次，都是针灸刚刚结束，病人就可以坐起来了。孙思邈的《千金要方》记载华佗治疗霍乱：让病人仰面躺在床上，两手伸开，夹脊骨两边相距各一寸半的地方，各下若干针，都是针到即好，没有一次出差错的。

有一年的夏天，一棵大槐树底下坐着三个病人，一个人睡着了，另两个人醒着。三个病人不是一起来的，睡着的来的最早，醒着的隔段时间后先后来到。这三个病人，一个得的是水肿病，一个害的是疔疮，还有一个是胸腹痛，三人都因求医而碰到了一起。疔疮病人问水肿病人说："你害水肿病，找啥医生瞧？""咱找杨医生瞧，人家都说他是武医生，只管开刀，不管下药，之后还要去找曹医生给下药。"水肿病人回答后，又问生疔疮的大哥："你是找啥医生治疗？""我是不走运啊，找了曹医生，他说他是文医生，只管下药不管开刀，他叫我先去找那个杨医生。"睡在树荫底下的老大爷，听了他俩的谈话，坐起来对二位病人说："你们俩，一个找文医生，一个找武医生，我说二位啊，跟着我一起走吧，去找华佗医生，他是文武双全啊，文能下药，武能开刀。华佗治病，一针二灸三下药，急针灸，缓下药；华佗开刀不痛，有麻沸散；华佗针灸三四穴；华佗用药四五味，价钱便宜。"这两位听说华佗文武都能治，当然高兴，便决定和老大爷一起找华佗看病，他们问老大爷："那你找华佗治啥病？""腹胸痛，呕吐泄……"于是三个人一起出发，去找华佗治病。到了华佗家，华佗一一诊脉之后，开始分别治疗，老大爷腹胸痛，上吐下泻是急症，先给他扎针，只扎了三穴，又在手弯弯"尺泽穴"处刺了一刀，败血流尽，呕、吐、泄止住了，再给他吃些药，病好了。之后又给生疔疮的大哥吃了麻沸散，将疔疮割除，敷上神膏几天也好了。

最后华佗又给水肿病人开了三剂汤药，嘱咐回家后煎服，五日便痊愈了。从此，华佗文武医生的美名便传扬开来。

华佗认为，运用针、灸两种方法，主要功效是调和阴阳气血的平衡和功能。《内经》主要思想就是生命的根本在于阴阳的调和平衡。人体生病就是因为体内"气"的突变，或者是因为七情失调，或者是因为饮食失宜，所以"人有百病，病有百候，候有百变"。所以医生的职责，就在于运用各种医疗手段，祛邪扶正，调脏腑、经脉、气血、阳阳，使之归平趋常。华佗曾经说："治疗疾病的尺度一定要适宜，掌握好分寸"。对患者进行针灸治疗的时候，亦应注意"当"与"不当"。他说，"针灸能够调节阴阳的平衡，该灸而不灸的时候，人就会冷气重凝，阴毒内聚，厥气上冲，分遂不散，以致消减。当针而不针的时候，则使人经络不利，邪渐胜真，冒昧而昏"。"不该灸而灸时，则使人重伤经络，内蓄炎毒，反害中和，最后导致不可救治；不该针而针，则使人气血散失，腑脏失序。"由此看出，华佗运用针灸两法施于人体，其目的亦在促使阴阳平衡，气血畅达，从而导致脏腑功能调和，经脉舒通，正盛邪却而疾病自愈。

从前有位壮年汉子，年轻时得了心气病（就是胃病），经常喊胸口痛。他痛了好多年，经过了好多医生的诊治，吃药很多也不见疗效，此病只有针灸才能治疗，但医生的禁忌是"针筋不针心"，心是一人之主，如果扎走了针，就会又生命的危险。有一天，这汉子的心气病再次发作了，疼的满地打滚着、叫嚷着，几位医生会诊后，都说病人得的是"心疗"，非针灸不可，没有什么特效的药物，但是，没有一个医生敢下针的。这时华佗来了，说："能针。"他把病人按倒，按好穴位，找块麻布蒙上了病人的双眼，

叫病人不要乱动，嘴里喊着马上下针之类的话，造成病人的极度紧张情绪，等病人的紧张情绪过去了，华佗含口凉水，趁病人不注意之时，猛然往病人胸口处一喷，病人受到凉水一喷，突然一惊，华佗便以迅雷不及掩耳的速度，对心窝处"啪嗒"一针扎下去，针入肉三寸，停了一会，将针左右摇动，上下捻搓，旁边的医生吓得舌头直伸。病人当时心就不痛了。众医生问华佗："这叫什么针法？""这叫穿心针，此病针灸为上策，向外转三圈，向内转九圈，谓之'补针'，又叫'探囊取物'，刚才在病人胸脯上喷一口冷水，是为了使病人心房猛然往上一提，一针下去，正好扎在腹部和胸部之间的膈肌里。但必须快，稍微迟缓，针扎在病人心上，病人就会被立即刺死。"华佗把针法告诉了众医生。医生们听了他的话，十分钦佩，都想拜华佗为师。华佗告诉他们说："这种针法只是我心里想出来的，并没有什么精巧的医术啊。只要胆大、心细、眼疾、手快，就行啦。"由于得到华佗的真诚传授，后来这些医生都学会了"穿心针"，在各地救活了许多害心气病的病人。

《隋书·经籍志》载有《华佗灸刺经》一卷。该书是华佗一生针灸经验的总结。但因该书很早就已经遗失了，致使其针灸经验未能被全部的继承下来。现仅能根据古籍中有关华佗针灸技术的点滴记载来加以探讨。《三国志·华佗传》《后汉书·华佗传》以及《华佗别传》对他的针灸技术和针灸实践均有几例记载，如：有一天，督邮徐毅得了胃病，碰巧华佗去探望他，徐毅高兴的对华佗说："华大夫，你来得正好。我昨天胃痛，请了一位大夫诊治，他说需要在胃部针灸，针后咳嗽得很厉害，简直是坐卧不安，您给我看看，这是怎么一回事吧。"华佗仔细地观察了针灸的穴位

说："医生没有找准穴位，那一定是针刺偏了，他没扎到胃部而是扎到肝脏里去了。你这几天食欲不振吧？要安心休养！"华佗走出房间之后，对送他出门的家属轻声地说："准备后事吧！徐毅顶多能活五、六天了"果然，第二天徐毅病势转重，五天后就死去了。

　　李将军的妻子病得很厉害，腰酸背痛，吃不下饭，喝不了水，而且很多医生长期都治不好，就前来请华佗医治。华佗仔细检查后对李将军说："从脉象上看，你的妻子是在怀孕期间受了伤，胎儿没下来，至今仍留在你妻子的腹中，引起疼痛"。将军不信说："对呀，夫人确实是怀孕的时候受过伤，但胎儿已经流产了，而不是留在腹中啊。"华佗说："根据脉象，胎儿并没有流产。"将军认为不是那么回事，华佗也就不治而去了。李妻稍觉好转，但一百多天后再次复发了，没办法只有又把华佗请过来。华佗检诊完毕还是那个话，说："这种脉象按例就是有胎。前次本来该流产两个胎儿。在她受伤以后，一个胎儿先流产，胎水流得太多，后一胎儿来不及产出。母亲自己不知道，旁人也没有弄清楚，就不再接产，后面的胎儿就没有出来。胎儿死后，没有了血脉的滋养，必然干枯附着在母体的后腰部，影响血脉不通，这就是她的脊背疼痛得厉害的原因。现在应当给她服用汤药，并且用针刺一个穴位，这个死胎就一定能够产出。"汤药和针刺用过以后，李妻肚子痛得很厉害，就像要生孩子一样。华佗说："这个死胎长时间枯萎，让她自己产下来是不可能的，需要有人帮助把胎儿取出来。"华佗就指挥别人把这个胎儿取出来。果然取出一个已死的男胎，手脚都已完备，只是颜色已经变黑，大约有一尺左右长。

　　华佗的针灸之法，主要特点是手法熟练、下针精当准确，之

后再辅以汤药配合。由于华佗精专于外科，十分熟悉人体的解剖知识，因此在取穴进针时多能结合人体解剖给予恰当的处理，并能以此阐发针刺机理。针灸学家手法熟练，在于能够把握好针感。所谓"针感"，是指针具刺入人体腧穴后经术者施以一定手法而产生的酸、麻、胀、重等不同性质的感应，习称为"得气"。得气与否，气至之迅速，程度之强弱，传导之远近，直接关系到治疗的有效无效，效显效微。所以历来针灸医家对这一问题都非常重视。华佗在这方面显然是相当成功的。试看陈寿、范晔之论述："若当针……下针言：'当引某许；若至，语人。'病者言：'已到。'应便拔针，病亦行差。"如被引《三国志·华佗传》督邮徐毅接受针灸胃部时误被刺破肝（肝为肺之误）的案例，经华佗观察，明显是刺破胸膜，造成气胸的误治案例；所以病人"苦咳嗽，欲卧不安。"如果不是华佗精通外科，熟悉人体解剖知识，怎能判断的如此准确呢？华佗对针灸的适应症有着严格的规定，强调有些疾病要"不可以针"或"勿灸"。同时，华佗在临床上对于危急疑难病症又往往根据当时具体的情况，采用针药并施的办法来进行治疗。如前文所引的《三国志·华佗传》记载诊治李将军妻子伤娠，胎死母腹不去的病例，经"与汤，并针一处，"又"侵入探之"等综合治疗后"果得一死男"。

根据史书及古代医籍的记载，华佗运用上述治疗方法所治的疾病大致包括头风、死胎、足躄不行、霍乱已死、霍乱转筋、猝死、中恶、缢死、五劳羸瘦、七伤虚乏、淤血、乳痈、伤寒表症等，包括外感内伤、痈疽疮疡及妇产等科疾病。华佗不断地积累临床经验，还首创了夹脊穴针灸法，"夹脊"又名"佗脊"、"华佗夹脊"。"脊"就是指脊骨，俗名就是俗称的脊梁骨。亦即第一

胸椎骨至第四骶椎骨之间，一共二十一节。自第一胸椎至第五腰椎各椎棘突下间旁开零点五寸为针灸穴位。每侧十七穴，左右计三十四穴。穴在脊旁，夹脊上下连，故称"夹脊穴"。其分则有三十四，合则为一。这组穴位能治疗咳嗽、喘息、腰背部酸痛等慢性疾病。按神经生理学观点来看，相应脊神经节段分布区受到针灸刺激，可以激发神经及体液的调节作用，从而改善神经、肌肉的营养状态，促进血液循环，也可以使内脏各系统的机能得到应有的发挥，以改变其病理状态从而使人体渐渐趋于康复。进行针刺华佗夹脊治疗受到古今针灸学家们的重视，至今仍然应用于临床治疗，该穴的重要作用也越来越明显。华佗在行医过程中，夹脊穴的应用较为广泛。"有人足部不知道患了什么病，得病后两脚腐烂，不能走路了，家人用车拉着他去见华佗。华佗诊脉后看了看说："这个病不严重，不用手术，直接针灸后再服些汤药就可以了。"于是让病人脱掉衣服，在背上作了几十处记号，说在这些地方各灸七个艾柱，等到灸过的疤痕愈合以后，就可以走路了。在患者背部下针十处，或相隔一寸，或相隔五寸，最后又在后背中央脊柱一寸上下的地方下针，灸的部位都在背脊骨两旁，两两相距一寸的地方，沿上下方向端直、均匀地排列着，一排针就像用了引绳一样。之后告诉病人家属说等针灸处的伤口好了，就痊愈了。华佗在为霍乱病人治疗时就是用的这种方法。葛洪《肘后备急方》记载：对于那些身染霍乱后将死的病人，其他药物已经不能治疗的时候，华佗让病人平躺在床上，伸展双臂对以绳度两头，肘尖头依绳下夹背脊大骨穴中，距离脊各一寸，下百余针……已经尝试了数百人，都是治疗完毕就可以坐起来行动的。根据现代解剖生理学来看，华佗的取穴方法，是接近于脊椎两旁的

交感链，如果在这个部位扎针，不仅确保安全，又可以取得较好的针刺效果。这种取穴方法是华佗的发明创造，后人为了纪念他，将这种针刺疗法的穴位命名为"华佗挟脊穴"。

华佗的弟子樊阿亦精通针灸疗法。所有的医生都说背部和胸部的内脏之间不可以乱扎针，即使下针也不能超过四分深，而樊阿针刺背部穴位深到一两寸，在胸部的巨阙穴也扎进去五六寸，而病常常都被治好。

我们也应该认识到，中医外科并不是不存在的，而是远在汉代的时候，就曾经达到过相当高的水平，但是，随着时间的推移和中医学在理论和实践方法上的不断进步，大部分的疾病都可以通过针灸、药物等治疗方法以达到治愈的效果，而这些痛苦大、损伤重、伤经断络的外科方法就渐渐被更加"文明"和"简便"的内治法所取代了，这些并不是一些人认为的是中医的缺陷。相反，这实际上是一种文化造就的文明，中国所特有的文化氛围造就了中医学的特殊研究方法，在这种条件下，中医学同样得到了长足的发展，许多其他医学只能使用外科方法解决的问题在这里却可以使用内治的方法达到同样的治疗效果，不得不承认它具有卓越的科学性和精妙深远的理论。同时，这也是中医学一直以其理论和实践凌驾于其他医学之上，经久不衰的根源所在。

三、阴阳平衡以调内

根据魏晋以来有关史料文献的记载，华佗不仅擅长于外科和针灸，而且还精通于内科，并善于治疗伤寒病、妇科、儿科及驱虫等各种疑难杂病，为中医内科学的发展做出了卓越的贡献。在疾病的诊治上，华佗诊断快速准确，对症施治。有着丰富的临床经验和高超的治疗技艺。

1. 内科医术

《三国志·华佗传》《华佗别传》等史书对华佗有关内科病案的记载很多。华佗本着治病必求于本的原则，不仅重视六淫等外因的作用，还很重视内伤七情、饮食劳倦等内因的作用。华佗认为："阴阳平，则天地和而人气宁；阴阳逆，则天地否而人气厥。"从而明确地提出疾病的发生的病因主要是由阴盛阳衰，阴阳平衡失调造成的。但从总体治疗方法上来看，由于华佗提倡"阴常宜损"、"阳常宜盈"。因而在治疗上主张扶阳抑阴以顾护阳气。同时注重调理脾胃，提倡"宜节饮食以调其脏，常起居以安其脾"。华佗对于内科各种杂病的治疗，是在脏腑辩证的基础上，力争探求病源，抓住根本再进行治疗。因此他强调："大凡治疗，

要合其宜"。就是说只有正确地找出病源，才可以达到治愈的效果。史书上说有一个下级军官名字叫李成。军吏李成有咳嗽的病状，吐血吐得很厉害，咳嗽得昼夜不得安宁，然后就找华佗给他看病。华佗说："你得的是肠痈，咳嗽时吐出的脓血，并不是来自肺部。我现在给你两钱散剂药，你回去服用后会吐出两升多的脓血，吐完了就会感到很舒服，注意好好养息一个月，可见好转。平时要注意自我保养，一年就能康复了。但是你一定要记住，十八年后还会有一次小小的发作，等到十八年后再次复发的时候，再服用这种散剂，你把剩下的药吃下去就能好，也能很快治愈，而且永远不会再复发了。但是如果当时得不到这种药，就要死了。"于是华佗又给了李成两钱散剂药。李成听了以后很高兴，拿着药回家去了。吃了药，果然好了。然后把另一付药当成宝贝一样德藏起来了，因为十八年后还要再次复发。过了五、六年，李成的亲属中有人得了和他一样的病，病得快要死了，他知道李成藏有这个药，就对李成说："你现在身体强健，可是我就要病死了，你还藏着一付救命药呢，你怎么能忍心无病而收藏药物，是要等待不祥的征兆吗？可否先把药借给我吃了，等我病治好以后，你将来再去找华佗要，再去向华佗求药。"李成思想斗争了很久，心想："这个药是我留着等十八年后保命的药，我要给了他那我十八年后复发没有药吃，该怎么办呢？"但是他又不能忍心眼睁睁地看着自己的亲戚没有药治而病死，最后没有办法，就咬了咬牙，把药给了亲戚。亲戚吃了这个药以后不久就好了，但是李成却没有药了，他立即特意赶到谯县去，恰巧遇到华佗被曹操抓到监狱里去了，李成不愿意在华佗危难的时候去打扰他，仓促之际也不忍心再向华佗求药。到了十八年后，李成的病果然复发，无药可

服，最终还是病死了。这个病案很有特色，华佗诊断这个病的时候，咳嗽导致吐血，一般人肯定会认为是肺部的疾病，但是华佗认为他的病是在肠子上，是肠子有病，这就是中医学上的一个很典型的特点。中医认为，人体的脏腑之间是互相影响的，一个脏器出现问题的时候，它就会影响到另一个脏器，所以你吐血的时候，不是因为你的肺部有问题，而是你的肠子有问题，这就是中医认为的肺和大肠是互为表里的。只有正确的找出病源，才可以达到治愈的效果。

关于华佗在诊治过程中十分注意查找病根，对症施治，还流传着这样的一个故事。华佗年轻的时候虚心好学，一见到有一技之长的同行就要诚心求教。有一年，华佗正在山东行医的时候，听说泰山边有个集镇上有位年老的医生，治病有两手，于是就身背青囊，登门求教去了。到了老医生家，老医生正在给病人看病呢，听华佗说了来意之后，便说："欢迎欢迎。"搬条板凳请华佗坐下，又回身继续为病人诊治。不知是人老了，愚拙，还是怎的，老医生看病特别的耐心，细致，前秦后汉的，问个不停，华佗虽然坐在老医生身边，老医生就像没看到他这个人似的。不一会儿，又来了一个病人。这个人是胳膊发抖，酸痛不止，哀叫连声。可老医生照旧给前一个病人不急不躁的看着。华佗坐在旁边耐不住性子了，就说："老师傅，您抽不出手来，就让我来帮您看吧。"老医生点点头同意。华佗检查了来者的胳膊后，便给那人针灸，针到病除。那人甩甩胳膊，不痛不酸也不抖了，舒展自如，原来愁苦的脸，一下子变成了满脸堆笑。这时，老医生也给前一个病人开了药方。待病人走后，华佗说："老师傅，胳膊痛的病，是这样治的吧？"华佗满以为会得到老医生的一番夸奖，哪知老医生

华佗

望望他，向他泼了一瓢冷水，很不客气地说："这种治法，是这个——"老医生说着向他伸出小手指。华佗很纳闷，虚心的说："老师傅，我不明白，请您指点指点吧。"老医生看他这样的虚心，打心眼里高兴，就说："治病治表容易，治本难。要细追病源，才能治本。我问病人前秦后汉的事，并不是我闲着没事找人聊天啊，这人为啥得这种病，你了解了吗？"华佗这时才恍然大悟，老医生向病人问个不停，原来是要掌握病源，而后再对症下药，忙说："老师傅，多谢指点！"老医生说："好吧，你在这多住几天，要不了多久，他还会犯病过来求医的。"过了七天，这人抖着手果真又来看了。老医生望望华佗，华佗望望老医生，华佗打心眼里佩服。老医生招呼病人说："单二哥，你这病，华医生未治之前，我就给你治过了，曾嘱咐你要戒酒，你总是当耳边风，再不戒酒，就有苦头要你吃的了。"那人连声答应说："是，是，这回我一定要戒酒。"老医生向华佗说："治病就要了解病人的喜怒哀乐之情，这单二哥家境比较富裕，儿子娶亲喝酒，结果成了瘾，就得下了这个病，要想除掉病根，只有戒酒。"于是拿起针，便给他下针边说："戒酒戒酒，病方除根；如不戒酒，勿要上门。"华佗一边看着，一边在心里赞叹老医生不仅医术高明，医德也好！打那以后，华佗也像老医生一样对待病人了。

在多年的医疗实践中，华佗非常善于区分不同的病情和各脏腑的不同病位，从而对症施治。比如，府吏倪寻、李延"俱头痛身热，所苦正同"，而治法各异。华佗认为是属于"寻内实、延外实"之故。如以激怒法治疗一郡守气淤血淤症，取吐法治愈太守陈登蛔虫症等，均从病因、病理等方面详加分析，给后人以启迪。晋代的葛洪在《肘后备急方》中记载华佗关于尸注、鬼注、晕车

晕船、卒中恶死、卒客忤死、霍乱、瘟疫等病的症状及其防治之法。唐代的孙思邈在《千金要方》中也多处摘录了有关华佗在内科方面的论述。比如《千金要方卷十六》记载华佗治疗胃反，胃反作为一种病，症状是吃下去东西不久就要吐出来，"心下坚如杯升，往来寒热，吐逆不下食。此为关上寒僻所作，将成肺痿"。治疗的方法是："真贮、雄黄、丹砂三两，补硝五两，干姜十累。又五味末子，蜜丸先服食如梧子二九，若小烦者，饮水即解，然无所忌，神良无比，一方用桂心一两。"此外《千金要方》还记载有华佗治疗疟疾以及霍乱等的方法。华佗博览古代诸多医案，又经过多年的临床实践，丰富了他的医疗经验。他断病快速准确，创造了许多奇迹。华佗在内科方面的诊断医术已经相当高明。他能够准确地掌握各种病症的规律。可以通过对病人面目、形色、病状的观察，来判断病人病情的吉凶，甚至还可以预见一个人的生死。

华佗的耳朵特别灵，有些疾病，他用不着号脉，只需用耳朵听一听，就能做出正确的诊断，然后再决定处方发药。他用这种方法医治病人，从来没有出差错。有一天，华佗行医时路过一户农家门口，听见屋里有一个妇女在痛苦地呻吟着，华佗便止步静听。农夫见神医到来，连忙请他进屋为妻子看病。华佗在药囊中抓了几味药交给农夫，说："你用它煎水，让你夫人服下去，只要出一身汗，明天就好了。"农夫心想，不见病人就下药，怎么能治好病呢？因此，一定要华佗进屋看看病人。华佗笑道："不用看，从她的声音里我就可以听得出，她是睡觉时贪了凉，其实并没有什么大病。"农夫的妻子服药后，果然汗出病愈。几天后，又有一个农夫请华佗去给自己的孩子看病，华佗刚走到他家门口，

马上站住说："不用进屋了，你的孩子没救了。"农夫听罢，哭着跪下哀求道："神医啊，请你进屋看看吧，我只有这么一个孩子呀！"华佗缓缓地把他扶起来，惋惜地说："你的苦处我很明白，可是，你的孩子患的是肺痨，已经到了晚期，从他咳嗽声中听得出来，他的肺已经烂尽了，无药可治，支持不到明天啊。"当晚，那病孩就死了。华佗用耳朵治病的故事传开后，有个酒鬼不信，就想来试试华佗的本事，他酒足饭饱过后，跑去见华佗，问道："听说你用耳朵就能听出得的什么病，那么请你听听看，我有什么病？"华佗看了他一眼，说："听你的声音，看你的面色，你还有半天好活。""我只能活半天？哈哈哈哈！"酒鬼大笑起来，引来了许多围观的百姓，"你们听啊，他说我只有半天可活了，你们信吗？哈哈哈哈！"华佗并不计较他的讥笑，说："刚才你吃饱后往这里跑的时候，可能是途中摔了一跤吧，你的肠子已经摔断了，不久就会腹痛身亡。"酒鬼一听，忽然想到刚才自己在路上确实是跌了一跤，肚子也渐渐地开始痛起来了，接着，就痛得满地打起滚来。众人见了，十分可怜，纷纷求华佗救他一命。华佗说："这个人故意刁难他人，故有此难。肠子断了，本来属于绝症。不过，医家以慈悲为怀，我就尽力而为吧！"说毕，华佗为酒鬼灌下了一碗"麻沸散"，将他麻醉后，剖开腹部一看，肠子果然断了。华佗用针线替他把断了的肠子接上，清除腹腔污物，然后缝上肚皮，再敷上药膏。数月后，酒鬼终于虎口余生。酒鬼病愈之后，到处赞扬华佗的医术和医德。华佗用耳治病的故事也就在民间广为流传。

说是从前有个甘陵国，这个甘陵就是今天山东的临清，甘陵国相的夫人怀孕六个月了，有一天突然感到肚子痛，痛得非常难

受，然后就请华佗来治疗，华佗把了把脉，说胎儿已经死在腹中了。然后，华佗找一个人，为这位夫人摸一摸腹部，看看胎儿是在左边还是在右边，而且华佗还告诉这个人，如果在左边就是个男胎，如果在右边则是个女胎。结果这个人摸过以后，说在左边。华佗就准备了汤药，然后，让甘陵国相的夫人把药喝下去，喝下去不久，果然产下来一个胎儿，已经死了，是个男孩。这个男胎一产下来，甘陵国相夫人的腹痛立即就停止了。华佗能判断胎儿是活的还是死的，号脉就可以断定了。

华佗治病，不墨守成规，而是根据病人的不同情况，进行"辨证治疗"。曹操患偏头风病，久治无效，经华佗针刺就不痛了。又有府中官吏倪寻和李延两个人，同时来就诊，也都患有头痛发热的病症。都头痛发烧，病痛的症状正相同。华佗为二人分别诊脉后，马上分别给两人服药，华佗给倪寻吃的是泻药，给李延吃的是发汗药，等到第二天一早，两人一同病好起床了，结果治好了。有人对这两种不同的治疗方法提出疑问，就问他这是什么道理。华佗回答说："倪寻是伤食，是外实症，李延是外感，是内实症。由于二人得病原因不同，所以治疗他们也应当用不同的方法。倪寻应该把病邪泻下来，李延应当发汗驱病。"原来华佗诊视之后，已经知道一为表证，用发汗法可解；一为里热证，非泻下不能治疗。

在调节阴阳平衡的治疗过程中，华佗除使用药剂治疗外，还辅以水疗、火疗、情志疗法、试探疗法以及心理疗法等几种辅助治疗手段。

华佗善用水法治疗疾病，在《华佗别传》中记载有用水法治疗一妇人热盛烦躁之典型病案。同时在《中藏经》一书中又列专

篇加以详述：有一个妇女长期生病，已经一年多了。得的就是人们平时所说的"寒湿症"那种病。发起病来十分怕冷浑身发抖，很是痛苦，盖三床棉被都焐不出汗来，请了许多医生看，吃了许多发汗解表的药，也不见好转。医生们都放弃了，病人一家苦苦愁愁的，已经开始为其准备后事了。就在这时，华佗来了。华佗一诊断，说是"寒湿症"，需要发汗，但是所有的发汗药都发不出汗来。病人家属苦苦哀求华佗为其治病，华佗点点头说他来想办法。当时正是冬季（农历）十一月中，漫天风雪。华佗皱着眉走到院子里，看到门口有一口水井，水井旁有个石槽，心里一琢磨，有办法了。就急忙赶回去，让病人坐在那个石槽里面，大清早找人打冷水来一次次地灌注到石槽里去，说要灌一百次。刚灌到七八次的时候，病人就已经浑身战抖，冷得要死。灌水的人害怕起来，想停下来不灌了。华佗叫他一定要灌到预定的次数。快灌到八十次时，病人浑身热气向上蒸腾，升起有二三尺高。灌满一百次后，华佗生起火来，把床弄暖和了，把病人全身用干布擦净，让病人躺在厚厚的被子里，过了好一会儿，湿润润地出了一身的汗，再扑上护身粉，汗干以后病就痊愈了。

　　火法也是我国古代的一种重要的治疗方法之一，华佗继承之并广泛的应用于临床治疗之中。如《千金要方》卷九伤寒门华佗的伤寒论著中，就记载有采用摩膏火灸法治疗外感病的方法。《中藏经》一书对火法的适应证及其具体治法，也有非常详尽的论述。对于病起于五脏或外寒而内热，或外热而内寒，或心腹膨胀，或手足拳挛，或口眼不正，或行步艰难，或身体强硬，或吐泻不息，或疼痛不宁等病例，均可以使用火疗法，适当的使其出汗或温热，达到治疗的效果。

在东阳县也就是今天安徽省的天长县,有个叫陈叔山的人。一天,陈叔山两岁小儿子得了严重的泻痢病,吃完奶就拉肚子,泻肚子之前常常先啼哭不止,日夜哭吵不停,怎么治都治不好,其他医生都不敢再给治了。孩子一天比一天瘦弱。最后只好找到华佗了。华佗看了看情况以后,先摸脉,接着摸摸孩子的全身,又看了看孩子的咽喉,对陈叔山说:"这个小孩不要吃药了,把小孩的药都停了,这个病根是在他母亲身上。小儿母亲怀胎的时候,阳气向内保护胎儿,结果导致乳汁内阴虚寒冷,乳汁里就带虚寒之气。小儿受了母乳中的寒气,就使他的泻痢不能按时痊愈。"所以不用再给孩子治病,要治孩子妈妈的病,然后华佗配了一副药,叫孩子的娘吃,华佗给了由四种药物自制的女宛丸,他娘吃了十剂药,果真以后小孩子就不再拉肚子了。不到十天功夫,病就全好了。中医认为人的身体是一个整体,不能头疼医头,脚痛医脚。中医认为人的五脏六腑是个中心,但是通过十二经络把整个的脏腑连成了一个上下相连、内外相通、整体协调的整体。一个脏腑的疾病可以通过经络和五行的关系影响到另一个脏腑,所以可以通过五行相克的理论来调治。中医治病的最终目的是让人体内部达到阴阳平衡,可以通过吃药,也可以使用其他的辅助方法,使人体达到阴阳平衡的状态。这样,病就好了,这就是中医治病。所以吃奶的孩子和喂奶的母亲的健康状态是不能分离的。

调节阴阳的平衡,还可以通过运用促进血流循环的方法。又有一人得了眩晕病,头抬不起来,眼睛也看不见,这样已经好多年了。华佗让病人把衣服都脱光了,把他倒吊起来,使他的头部离地大约一两寸,用湿布擦拭他的全身,让周围的人观察他的静脉血管。人们发现血管里都是五颜六色的血。华佗叫几个弟子用

双刃小刀把静脉血管割开，让五色血液流完，看到红色血液流出的时候，便把他放下来，用药膏敷在创口上，让他躺在厚厚的被子里周身出汗，再给他服用"亭历犬血散"，不久就痊愈了。

华佗在治疗过程中还创造性地运用了"情志疗法"。在《三国志》中就有类似的记载：有一位李郡守，为官清正。但是时逢汉末，朝纲不振，群雄竞起。他的郡境，经常有军队路过，搞得鸡飞狗跳、民不聊生。他忧虑成疾，渐渐地得了重病。郡守儿子为他请医抓药，非但病没有减轻，反而日益加重了。一天，碰巧华佗路过，李郡守的儿子赶紧请华佗过来为父亲诊治。华佗看了看郡守的面容，切了脉，认为，这个郡守是忧虑成疾，淤血积身造成的，这个病要治好，必须让他再生一场大气，吐出淤血，病就好了。退出病房后，告诉郡守的儿子说："你父亲得的病很奇怪。他的肚子里积了很多的淤血，服药根本不会有效果，只有让他大发雷霆，吐出淤血，病才会好。"郡守儿子着急地说："怎么才能让他将淤血吐出呢？"华佗说："请你把你父亲的缺点都告诉我，我给他写封一信，大骂他一顿。他一生气，就会将淤血都吐出来。"于是华佗先向郡守要医钱，要一次不够，要两次，不断地要，要了很多钱，就是不治病，这个郡守气得不得了。然后华佗把钱要足要够了，丢下病人溜了，逃了。还留下一封信大骂郡守。郡守付了很多钱，没有得到治疗，医生卷钱逃了，又看见华佗留给他的信，郡守果然勃然大怒，气的大骂华佗，并派人去追捕华佗，要杀掉他。郡守的儿子知道是怎么回事，嘱咐手下人不要追赶。郡守愤怒到了极点，他气愤地说："华佗简直是侮辱我的人格！"说着就连吐出了几升黑血，李郡守觉得舒畅了不少，三日后竟能起床，不久，病就痊愈了。一日，李郡守发现书房的墙角处

放了一包东西,打开一看,原来是他付给华佗的医资和一封信,信上写道:"李郡守,本人慕你清名,前来为你治病,待诊治后,方知你忧于国,愁于民,淤血积身,无药可驱,只有铤而走险,用恶言相激,意在以怒冲全身,吐出黑血。恶言秽语,多有触犯,一切为了治病,望原谅。公子待饭,已够医资。所赐钱物,分文不收,留给你为民举善吧!"李郡守看了华佗的信不禁赞叹道:"华佗真是一代名医,名不虚传啊!"这就是华佗非常高明的一点,因为中医认为人有七情,也就是喜、怒、忧、思、悲、恐、惊,这是人的七情。当人受到这七情的刺激以后,人的身体就会产生一种反应,这个反应我们叫做情志。但是如果人体受的刺激过重,那么人体的平衡就会被破坏了,人就要得病,所以李郡守的病恰恰是受了刺激产生的,如果再去刺激他一下,就可以通过再度的刺激让他人体的内部重新恢复平衡,他的病也就好了。这是华佗使用的一种心理疗法,利用喜、怒、忧、思等情志活动调理机体,以愈其疾。

《三国志·华佗传》所举的诊治李郡守气淤血淤病案,足可以说明华佗在临床上,善于采用心理疗法,畅达气血,调理脏腑功能失调,促其疾病尽快康复。可见华佗对情志致病的认识已相当精深。

再有一例,三国时,魏国有一个叫杨宕的人,凭借他叔父杨修的关系,当上了一个掌管军营粮饷的"军需官"。他一上台就开始克扣军饷,搜刮士兵的油水,士兵们碍于其叔父杨修是曹操的宠臣,大都敢怒而不敢言。俗话说得好,多走夜路必遇鬼。一天,杨宕忽然得了一种怪病,既不发烧,也不头痛,只觉得胸口胀闷,弄得他坐也不是,站也不是。请了不少医生,什么疾病也诊断不

出来。吃了不少名药,病情却是日趋严重。家里人只好央人请来了神医华佗。经过一番望、闻、问、切,华佗开了两个药方,嘱咐他依次及时服用。华佗走后,杨宕取出第一个药方来看,上面写着八味中药名称:"二乌、过路黄、香附子、连翘、五不行、法夏、荜拨、朱砂。"粗略一看,没什么,可是他又将八味药名的字头连贯起来一看,这才大惊失色:"二过香连,王法毕朱",其谐音不就是"二过相连,王法必诛"吗?由于做贼心虚,此时的杨宕,早已经是冷汗直冒,半响都说不出话来。原来,他的叔父杨修恃才放旷,多次触犯曹操的忌讳,且参与了曹家内部的争斗活动,不久前就已被曹操以"扰乱军心"的罪名处死了。如今,后台已倒,他自知克扣粮饷一事迟早会败露出来,打算趁着这几日押运一批粮饷到前方的时候,设法大捞一把之后就逃离。哪知他的如意算盘竟被华佗的处方点穿,他既担心又害怕,终于打消了"大捞一把"的邪念。接着,他又打开了第二个处方来看。不看则已,一看顿时"哎哟"大叫一声,口吐鲜血,往后便倒。原来神医开的第二剂处方是:"常山、乳香、官桂、木香、益母、附块",这六味药名的字头串联起来的谐音不就是"赏汝棺木一副"吗。如此药方,杨宕见了怎能不气火攻心,肝胆俱裂呢?家里人见状,纷纷大哭起来。过了许久,杨宕才从家人的哭泣中苏醒过来。此时,他忽然感到神清气爽了许多,胸部肿胀的感觉也没有了。他连忙睁开眼睛一看,华佗已经不请自来,站立在身边,并对他说:"你胸部肿胀,是因为肚内淤血积结和贪婪之气凝聚所致。现在气随汗出,淤血吐尽,消积化淤,恶梦已除,只是身子还很虚弱,需要调养一段时间。我再给你开一剂药方吧,你服用后一定会痊愈的。"华佗停歇片刻后又娓娓而谈:"万恶之源在

于贪,为官者贵在清廉,为民造福。你乃小吏,竟如此之贪,罪不可恕,但尚能迷途知返,已属难得。望你汲取教训,日后好自为之。"杨宕对此更是感激涕零,叩头便拜,对自己过去的贪婪行为忏悔不已。华佗的第三剂药具有滋补强身之效,杨宕服后身体果然很快康复。不久,他上交出为官时克扣贪取之粮饷,弃官归隐而去。

华佗有一年到睢宁访友。俗话说得好:"高山打鼓,响声在外。"人们一发现华佗来了,都争着请他瞧病。华佗这人给人瞧病,不拿架子,也不讲价钱,有求必应。于是,他一边访友,一边给人治病。这天,华佗刚起身,就有个白发苍苍的老人,领着一个衣冠整齐的中年人来了,这个中年人一路走,一路哈哈的大笑不止,坐下后,仍然哈哈大笑,引来许多大人小孩过来看热闹。把华佗的朋友家挤得严严实实,水泄不通。那位老人,两鬓苍白,满脸忧愁。一边又气又急的看着病人,一边向华佗叙述病人的情况。原来,他们是父子俩,儿子叫张全,是个读书人,由于战乱,乡试乡荐都取消了,他还抱着书本啃,坐吃山空,家里原有的一点田产都卖光了,由于家贫,人到三十还未娶上老婆。谁家的姑娘会愿意嫁这个"文不能测字,武不能撮屎"的人呢?正在他懊恼日子艰难的时候,张全有个舅舅,在曹操手下做了将军。一次他回家探亲,一见外甥这副穷样,心中不忍,就送给他七间房子,五十亩好地。有房有地了,张全一高兴,便狂笑不止,成天大喊:"我有房子有地啦,哈哈哈……我能娶妻啦,哈哈哈哈……"不料,这一高兴,竟得了一个狂笑的怪病。初时,家人和亲友以为是因为他得田得地分外高兴,没有当做一回事。后来,见他走也笑,站也笑,日也笑,夜也笑的,笑个没完没了,这才感到有些

不对劲,着急起来。张全的父亲立即四处觅医求药,找郎中给他治疗,谁知请了不少医生,吃了不少药,那汤药就如同泼在了石头上,总不见效。后来,老汉听说华佗的医名,就准备带了儿子去找华佗。碰巧华佗来到了睢宁。华佗一边听着老汉的介绍,一边仔细的观察病人的神色,又替张全诊了脉,脸上渐渐出现了惊骇的神情。张老汉见华佗神色不好,知道恐怕病情较重,就焦急的询问说:"华医生,病情咋样啊?"华佗把身子往后一仰,靠在椅背上,现出无可奈何的样子,摇摇头叹道:"令郎的情况不妙啊,他已病入膏肓,从目前的情况看,恐怕只能活十天,我已无能为力了。"张老汉大惊失色,强忍住老泪没有流出来,急忙跪下,求他救命。病人张全听了,也知事情不妙,不由得一阵惊慌,顿时出了一身冷汗。华佗两手一摊,说:"是啊,病入膏肓,已经难以挽回了。哎……"张老汉终于忍不住了,老泪纵横地哀求道:"华医生,无论如何,您总要想办法救救孩子啊!"张全也汗流满面,求华佗就自己一命。华佗沉思半晌,这才说:"哎,只怪我出门匆忙,把一剂秘方丢在徐州我的徒弟吴普那里,我替你写封信,你们去找他,或许还有一线希望。"张全父子听了,好像抓住了救命稻草般,连忙说道:"太好了,太好了,那就请华神医赶快给吴医生写封信吧。"华佗立即进屋去写信,一会儿,拿出一封封得严严实实的信,交给张老汉,并叮嘱道:"我在信内,已经给吴普讲了贵公子的病情,让他见了你们,就替你们找那个秘方,请你们立即动身,不要拖延时日。一定要在十日前赶到。吴普为人朴实倔强,做事又十分细致。要是他发现书信弄脏或有拆封的痕迹,那他就会认为你们是冒充他师父之命,天大的事,他也不会管了。切记,切记啊!"华佗说完把信交给张老汉,张家

父子拿了华佗的信放在包袱里,并连连答应说:"一定会保管好,一定会保管好。"父子俩别了华佗,水陆兼程,用了八天时间就赶到了徐州,一路上,父子俩满脸愁容,四目对视,只是恨不得长出翅膀,一下子飞到徐州去,船上的几天几夜,张全哪里还笑得出来,愁都愁不过来呢。船到了徐州,老汉付了船钱,赶忙上岸,直奔华佗的家。他俩找到吴晋,老汉赶忙从身上拿出包裹,交上华佗给他的信件,说:"吴医生,这是华医生给你的信。"吴普看两人满脸焦急,赶忙接过信拆开看,看着看着吴普忽然哈哈大笑起来。这下,张家父子被他笑得丈二和尚摸不着头脑,心里疑惑不知吉凶,便问他:"这人命关天的事,你笑什么?张全还有救吗?"吴普一听,笑得更厉害了,并把信给他们看,只见上面写道:"来人因乐极而狂笑不止,药物难以奏效,我故意说他病危,使其焦虑,当他二人到达徐州之日,病即愈矣。"张家父子读了书信,这才明白,都有说不出的高兴。张老汉感激地对吴普说:"你师父真不愧是一位神医啊!

  探试疗法是华佗为明确疑难病症的诊断而创立的。他认为疑难病症一时难以确诊的患者,可以拟定一种治疗方法进行试用,并根据治疗后的反应来判断病因病情,在不断地试探治疗之中寻求最后的诊断结果和治疗方案。如《三国志·华佗传》载:县吏尹世得病后四肢烦热,口中干渴,不愿意听到人声,小便也不通畅。华佗诊视后说:"可以试着作些热的食物给他吃。吃后如果出汗,就能治好;如果不出汗,三天后恐怕就要死去了。"家人立刻作好热食,县吏吃后却不出汗。华佗说:"体内五脏功能都已经衰竭了,不久就会死去。"结果真像华佗预言的那样,没几天,县吏就病死了。

有一次，华佗被一王爷请去，为其三岁的小公子治病。小公子经诸多医生诊治均无效，汤药都难下咽。但查脉搏却是正常的，脸色也无异。这是何种疑难病呢？华佗百思不得其解。华佗命王爷的侍从将食物送入小公子嘴里，只见小公子勉强动嘴，却咽不下，也吐不出，顿见脸部涨得通红，甚为痛苦。经反复观察，华佗确定小公子喉内一定有异物。经过仔细询问，方知原来侍从带着小公子在荷塘边游玩时，小公子忽然吞进了一颗荷叶上的螺蛳，并卡在喉里吐不出来了。华佗弄清病因后，考虑到那么多医生的汤药都不管用，该怎样治疗呢？突然灵机一动，想出一个绝招，马上叫王爷吩咐侍从速去设法购回一百只鸬鹚来，并设法取出鸬鹚的口涎。华佗把鸬鹚口涎徐徐灌进小公子的口里，第二天早晨，侍从急告华佗，说是小公子能咽进食物了。王爷设宴感谢华佗搭救儿子性命之恩。席间，王爷问华佗，此秘方从何而得？华佗说："我每次在江边采药时，发现鸬鹚专门觅田螺为食，心想鸬鹚定能化解田螺，而小公子是被田螺所梗，用此药之术，定能取得神效。"王爷听罢，不断感叹："神医果真是名不虚传！"

　　从前有个姓掌的大户人家，有个独生女，平时溺爱无比，取名叫掌上珠。一日掌上珠忽然喉咙疼痛，经医生诊断为"喉痛"，需要服药调治，但掌小姐从小就娇生惯养的，哪里肯喝那样的苦药呢。过了几天，结果病情加重了，掌上珠咽痛加剧，又合并恶寒发热，发烧不退，连咽茶水也困难了。此时医生警告掌上珠父母说："若不赶紧开刀排脓，就会有生命危险！"一家人吓得魂飞魄散。掌上珠更是哇哇直哭，不肯接受治疗。此时正巧华佗路过这里，细听病情和望诊后说："此病好医，不用开刀，只需用毛笔沾上药液涂于患处，即可解救。"掌上珠听说不用开刀，欣然同

意，随后华佗取出羊毫毛笔饱蘸药液，在她的咽部涂了一圈，她便开始吐出一口一口地脓血，不多时就觉得喉部的胀痛减轻了许多，随后就能饮水吞汤。原来华佗手中的羊毫毛笔里藏有一根金针，借涂药之机，刺破患部，达到切开排脓的目的，而治好了她的病。

在多年的临床实践中，华佗已经开始注意了我们今天所说的"心理疗法"，俗话说心病还须心药医。传说三国时期，徐州城有位徐老太太。大儿子叫徐恭祖，是徐州太守。二儿子叫徐绍祖，也是位医生，老太太不愁吃不愁穿，过着衣来伸手饭来张口的日子，养的白白胖胖的，六十多岁的人，脸上还见不到一根皱纹。徐老太太喜欢清爽，吃水，不吃后挑水，怕挑水的人放屁，气味进了后挑水。一般的菜米都要洗上五六遍，可讲究了。但有一条，就是常年不洗头发，头上的虱子成把成把的抓。这天，徐老太太正在喝茶，头皮发痒，伸手抓了一下，只觉得从头上落下了个什么东西，另一只手端起茶杯，呼啦一声一口把茶喝进肚。茶喝到肚里后，觉得有点隐隐作痛，她一想，坏了，该不是头上的虱子掉到茶杯里一起喝进去了吧，这还了得吗？听人说，虱子的命最长，压不死，热不坏，冻不死的，落在哪就会在哪里钻爬。这要是钻到心里，人不就完了吗？老太太急出一身汗。她一端饭碗，就仿佛看见虱子在碗里爬，心里一阵作呕，就吃不下去了。一闭上眼睛，又好像虱子在肚里钻，钻的她心痛，搅得她六神无主。老太太越想越害怕，越怕就越想。就这样熬了还几天，茶饭不思，夜不成寝的，自然人就开始变瘦，精神就十分不好。徐太守不敢怠慢，亲自到床边问安。徐绍祖也过来给母亲把脉，又开了药。可是徐老太太吃了几剂药，不管事儿，还是觉得肚子里有虱子，

仍然是茶饭不思，夜不成寝的。不几天，就面黄肌瘦，下不了床了。徐绍祖更着急了，又请来好几个名医会诊，大家会诊之后，都摇摇头，说把握不住病根，认为上了年纪的人，病入膏肓，非药物所能奏效了，自然得准备后事……徐太守也无可奈何，只得遵医嘱，开始准备后事。有一天，老太太又觉得肚子痛，就气得大声责问徐绍祖说："徐州城的医生你都请来了吗？""是的啊。""放屁，你这个混账，自恃有本事，看不起别的医生，你治不好老娘的病，咋不把人家华佗给请过来？""啊？对啊！"一语提醒了徐太守兄弟。原来，华佗也是他俩的朋友。只是这几天着急，一时给忘了。于是，赶忙派人去请华佗。华佗来了，先看徐老太太的病，后看徐绍祖等几个医生开的药方，觉得奇怪，就说："徐太守，别着急，让我好好想想。"徐太守一告退，华佗就把服侍老太太的贴身丫鬟春卉找过来，细细的询问老太太得病的时间，因何而起。春卉一五一十地给华佗讲了那天发生的事儿。华佗听后，高兴地叫道："她得的是心病啊！"于是，华佗走到徐老太太床边说："徐老夫人，不妨事，不妨事。你得的是'虱心痛'，是把虱子吞在肚里引起的。"徐老太太一听，拍着被子说："哎哟哟我的活神仙，真叫你给说对了！"华佗接着说："我这里有呕吐药一副，你吃下去，马上就可以把那虱子吐出来了，病根一除，病自然就好了。"徐老太太心里放宽了些，但还是有气无力地说："华医生，好是好，只怕这虱子会钻，钻到肚肠的旮旯，一般的呕吐药，怕是吐不出来啊！"华佗听了一本正经地说："徐老夫人，您考虑的在理儿，只是我这药里有'篦心散'。常言说得好，卤水点豆腐，一物降一物啊，这虱子嘛，怕的就是篦子。"徐老太太点点头，悬着的一颗心放下了。华佗拿出药来让人煎了，他像变戏法

似地,从口袋里摸出一只死虱子,交给丫鬟春卉悄悄地嘱咐说:"春卉,一会儿老太太呕吐之后,你偷偷地把这只虱子放在她的痰盂里,端去给她看看,说虱子已经吐出来了。她一高兴,心病一除,病就好了。不过,你千万要做的机灵些,不要让她看出假来,懂吗?"春卉说:"华医生,您放心,我一定不让她发现!"果然,老太太心病一除,全身舒服起来。见饭思饭,见床想睡,而且吃得香,睡得稳,身体不久就恢复了。徐太守兄弟非常感谢华佗,并询问病源。华佗笑笑说:"徐老夫人得的是心病,不是药物能奏效的,要感谢,你们还是感谢春卉吧,是她告诉我,老夫人得的是心病。常言道'解铃还须系铃人'。因为老夫人疑心她吞了虱子进肚,怕虱子钻死她,精神负担太重,才抑郁成疾啊。我不过来个对症下药,捉只死虱子哄哄她,这才帮她除掉心病。"徐氏兄弟听了,点头赞佩!

华佗在曹操营地为曹操治病之时,经常在傍晚出来散步。一天晚饭后,华佗又步出曹营闲游,只见官道上停着一辆车子,车上坐了一个病人。这病人头上、身上、脸上毛细血管流血,一滴滴往下落。华佗走到车前,问病人道:"你们这是往哪去啊?""往谯郡去,"病人说,"去找华佗治病啊。""为什么要找华佗呢?别的医生不行吗?"华佗有意问道。"咱们就相信华佗,所以要去找他,而且这病有点奇怪,恐怕只有华佗治得好啊!""病人应该相信每一个医生,不要只相信一个人啊!"华佗说,"我也会治出血症,我给你瞧瞧吧,别去找华佗了。"那人不信,坚决不让他瞧,一定要去找华佗。华佗劝告他说:"华佗不在家呢,他正在曹营给曹丞相治病,去了也是白跑。"那人不信,立即要走。华佗拦住车,不让他走,只得告诉他:"我就是华佗。""胡说。"

那人骂道,"你这小人,居然敢冒充华佗?""你应该相信我!"华佗说,"我是医生,不管怎样,我能治好你的出血症。""那你谈谈身上的毛细血管为啥出血?""当然可以啊,血往上为逆,往下为顺,让涌泉穴把血引下归一条路,毛细血管就不出血了。"路边人劝病人说:"大哥,你就让他治吧,听这位老先生说的话,是个内行,也许可以治好呢。""他又没有药箱,又没有针包,拿什么治啊?""我自有办法!"华佗告诉他,"你回家买五斤烧酒、五斤醋,放在一起烧开,装在一口缸里,你坐在缸口熏上一夜,血归原路,病就会好了。如果心慌,再喝二钱人参汤。"病人听他这么说,又不用花多少钱,就回家照他的办法治疗。果然不错,毛细血管不再流血了。过了几天,心里总是不除疑,心想,这病只有华佗能治,这老人家又不是华佗,咋能治好呢?想啊,想啊,毛细血管忽然又发胀,与先前的情况一样了,鲜血又从毛细血管流出来。病人生气地说:"说他骗人,真的骗人啊,这次非找到华佗不可!"第二天,他又坐上车去谯郡找华佗,走了许多天,到了华佗家,一问,华佗果然是在曹营。病人又回到许昌,通过曹营的将官,请华佗出营给他治病。华佗一看是他,说道:"不是和你说过了吗?照我的法子做,不会错。"病人一见他真的是华佗,忽然毛细血管轻松,血就不流了。病人觉得奇怪,就问:"怎么?我病好了……"他就把后来再次发病的事情告诉了华佗。华佗说:"因为你想的不是医生治病,想的是我,所以,见我病就好了。这叫'疑心病'。俗话说,'病好治,疑难除'。还是那句话,病人要相信医生,治病的道理是一样的,只要对症下药,哪个医生都能治好病啊!"病人听了华佗的一番话,觉得很有道理,红着脸点头称是。

2. 内照法

《内照法》原书旧题汉·华佗撰，又名《内照图》，通篇采用望、闻、问、切的四诊方法，尤为突出望诊，以望诊来测生死，将望诊法比做镜子，可以隔体照见脏腑，而察知一切病情。书名《内照法》即是此义。由于附录的腑脏图谱早已失传，后改为《内照法》。此书是目前已知的我国最早的一类带有内脏解剖图的书，大约成书于南北朝时期（约5—6世纪前后）。所谓"内照"是指可以洞视人体内的脏腑而言。由于此书的原著早已经失传，而其后的传本大都由于流传不广，影响面积不大，而且传本种类不一，书名也多有改动，因此，对于该书的作者、写作年代以及学术价值的争议颇大。其中有的传本中合并录入他书内容，有的传本则经过多次变易原图，有的传本则仅存部分文字而图像已经遗失，有的则只有书目或佚文见引于其他古籍之中，因而出现了比较混乱的情况。但是，考证古医籍的成书年代，如果单纯从某书系何朝代目录文献载录，或某朝古医籍所引用，就认为是某朝某代的作品的实物证据，显然是证据不够全面的。因为许多古书在历代目录文献中没有载录或载录较晚亦是可能的。更何况历代目录文献中对某一古医书书目所载的又颇不一致，因此考证古医书首先应该看该书的内容和实质，而某朝目录文献所载只能说明该古籍被发现于某朝或者刊行于某朝。绝对不能据此认定辨识古籍真伪的根据。华佗的学术思想渊源于《灵》、《素》，并且创造性地发展了中医基本理论，特别是对《内经》中的脏象理论，诊法内容如望色、诊脉与脏腑辨证紧密联系，形成系统理论。华佗受黄老之学影响较大，且又重视养生导引之术，擅长针灸，作为民间医

师，善用膏、丹、丸、散剂型，这些都与《内照法》所载的思想相一致，因此，在不能确定《内照法》确为华佗所作时，也不能完全对其进行否定。

《内照法》一书对于中医临床各科，不失为一部有一定临床价值的传世著作。《内照法》全书仅一卷，共分六篇。第一篇：四时平脉。本篇指出了四季的正常脉象；时令季节变异，脉象变异；若非所应平脉，即是病脉。借此以指出掌握四时平脉是诊脉的要点；第二篇：五脏主病。本篇根据《内经》的学说，指出五脏分主五液、五声、五气、五色、五味，运用四诊的方法指出各脏所主病证。以肺为例，指出"其液涕，其声笑，其味辛，其腥臭，其色白"，并根据肺病风、气、热、冷、虚的不同，指出脉诊之寸脉有浮数、紧数、洪涩、沉细、浮濡的不同，又列出与肺有关的疾病如皮肤生疮、鼻塞、喘、嗽、癖气、鼻中肉结等；第三、四篇：五脏相入和脏腑相入。这两篇内容主要是论述脏与脏、脏与腑在病理方面的互相影响、相互传变的关系，并借以阐明脏与脏，脏与腑在生理方面相互滋生制约的关系，是对有关脏腑学说的精辟论述。例如"肾病入心：肾冷入心，手足冷如铁，是名真心痛，甚则死"。华佗认为"真心痛"的产生是和"肾冷"有关的，从理论上讲，肾冷是由于肾中元阳虚衰，阴寒上犯凌心，而发生真心痛，寒行外，故手足冷如铁。从临床角度来看，对真心痛的病因应考虑"肾冷"，用温肾益火的方法，就可以阳气旺盛，使凝结的阴气自行散尽，血气运行流畅，气血通和，真心痛的病即可治愈。相比之下，同单用宣通胸阳或活血化瘀法治疗真心痛的方法则更加具有优势。类似论述在三篇、四篇中有很多，难以一一详细列出；第五篇：明脏腑应五脏药名。本篇在篇首明训道："古人立

法处方，本自不同，药不执方，旋为加减，老少虚实斟酌服之。"因此，本篇主要论述辨证施治，分脏腑寒热虚实风气而用药，如肝虚用药则首列白芍药，次列黄蓍、吴茱萸等十一味药，并煎服法等；第六篇：脏腑成败。本篇主要论述五脏、五体、五证、五色、五伤、五视及五竭、五不称脉等所表现出来的危重症候，且预后多属不良。此篇可能是华佗平生有关危重症患者的诊治所经验总结的一个片断。例如五伤："房室无度伤肾，食饱醉卧伤脾，用力无度伤肝"等；通篇采用望、闻、问、切的四诊方法，尤为突出望诊，以望诊来测生死，将望诊法比如镜子，可以隔体照见脏腑，而察知一切病情。书名《内照法》即是此义。

3. 伤寒病的治疗

华佗有一篇关于伤寒的论著，被引载于《千金要方》和《外台秘要》的伤寒门，虽然文字不多，只有六百五十余字，但言简意赅，似其学理自成系统，较系统地论述了外感热病发展变化的全过程及其治疗大法。对伤寒学说的发展做出了一定的贡献。为了有助于系统地认识外感热病理论体系的发展过程，有助于全面地认识华佗的医学成就，现在就以这篇论著为主，联系有关的医籍，对华佗的伤寒学说作一下初步地探讨。华佗伤寒论著作，以人体大体解剖层次作为辨证论治的依据，从表到里，由浅入深，将外感伤寒病分为六个不同的阶段。从而确立了华佗伤寒学说辨证论治的特殊体系。华佗认为：外感的邪侵犯肌肤表里，其传变方式及传变途径，并不是以经络为依据，按经络循行部位传变，而是根据人体大体解剖层次，由肌表到内脏、逐渐向里发展，"一日在皮"；"二日在肤"；"三日在肌"；"四日在胸"；"五日

在腹"；"六日入胃"。病一日至三日，邪气在皮、在肤、在肌均属于表症的范畴。患者均可表现为恶寒发热，头痛，周身酸楚或疼痛等症状。但由于邪气侵入的部位有深浅之不同，上述症状亦有轻重的区别，才有在皮、在肤、在肌三个不同的类型；三日以上，气浮在上，填塞胸膈，欲作下陷。但由于正气未衰，仍有抗邪外出之力，结果邪正交争于胸膈之间，称为胸膈症。故在临床上则表现为胸闷、胸满，甚或胸中窒，不能吃东西，想吐不出来，还会出现发烧等症状。此时由于邪气有轻重之不同，人体有强弱之分，故临床上邪郁胸膈症又有不同的表现形式；五日以上，病邪化热入里，在腹入胃，此时由于邪热炽盛，邪正交争剧烈，形成胃热实证。其临床表现为发热不恶寒，或高热不退，或有潮热、汗出、腹胀满，甚或疼痛拒按，大便秘结等症状。同时华佗认为里热实证由于热毒有微与剧之分，因此热毒入胃除胃热实证外，尚有"胃虚热入"的"胃烂斑出证"。而胃烂斑出证根据斑疹的颜色不同，又可分为"赤斑"与"黑斑"两大类型。

　　由于华佗认为外邪侵犯机体后主要引起表证、胸膈证与里热实证三个类型，因此在治疗上，在皮"当摩膏火灸"；在肤可"依法针"或"服解肌散发汗"来治疗；在肌可"复发汗"；在胸可用吐法及酌用针法；在腹、入胃可用下法治疗。上述几种治疗方法，华佗认为必须在辨证论治的思想指导之下，掌握时机，恰当运用，方能达到治疗的最佳效果。这是华佗辨治伤寒病的方法，它有明确的辨证纲领，对伤寒病的发展也有明确的阶段性认识。主要运用汗、吐、下三种方法来进行治疗。汗法是用摩膏和火灸的两种外治法。若病邪在肤在肌，病情相对严重者，可选用针刺及内服解肌散发汗。同时华佗认为外感表证，由于病邪有风寒、风热之

不同，因此在运用内服药发汗时，亦应该根据风寒、风热所引起的病理变化及临床表观的不同，选择不同的治疗方法。吐法适用于邪郁胸膈的患者。邪郁胸膈的患者，容易神志不清，狂言烦躁，使其服用猪苓散，之后令其大量饮水使其尽量多的呕吐。并且要呕吐的及时，否则水停后未能呕吐的患者就很难治愈了。下法主要是适用于病邪化热入里，在腹入胃的患者。但由于下法作用较为刚硬猛烈，容易损伤人的正气，因此华佗认为在使用下法时，一定要掌握好分寸。华佗不仅重视外感热病的治疗，而且对伤寒病后的护理同样十分的重视。《千金要方》引用了华佗的话："当病已经好了的时候，在七天以内，酒、肉、五辛、油、面、生、冷、醋、滑、房事等都不要接触，这样才能完全治好而不留病根"。这说明华佗伤寒学说的内容是较为广泛全面的。总之，华佗关于伤寒病的论著，对邪在皮、肤、肌三类不同的表证，其治疗方法是多种多样的。即摩膏火灸发汗法，针刺发汗法，单方验方发汗法，辛温解表发汗法，辛凉解表发汗法等等。同时对各种发汗法的使用原则及其禁忌证均有所论述。这些经验直至今天仍为临床医家所重视。

为什么在不同的病变阶段采用不同的治疗方法呢？这是因为在不同的病变阶段，疾病的病机不同，临床表现也各不相同。王叔和对此阐发得很是清楚，他说："对于伤寒病的患者，是由于风寒引起的，寒气进入体内后，同人体的精气相争。使经脉阻隔不通不能流畅运行。病一天到两天的时候，气在孔窍皮肤之间，因此病者头痛恶寒，腰背酸痛，这是邪气在表层的体现，通过发汗就可以治愈；三天以上，邪气向上运行，填塞胸心部位，故头痛，胸中满胀，应该使其呕吐；五日以上，气沉结在脏。因此腹

胀身重；骨节烦疼，当下之则愈。"《千金要方》中华佗对伤寒的治法可以概括为汗、吐、下三法。"摩膏火灸"属汗法范围，为古代常用治法。张仲景说：外邪"适中经络，未流传脏腑……即导引、吐纳、针灸、膏摩，勿令九窍闭塞。"其中的"膏摩"当是华佗所说的"摩膏火灸"法。王叔和对此法说得很清楚，如《脉经》卷二载："寸口脉浮，中风发热头痛，宜服桂枝汤、葛根汤，针风池、风府，向火灸身，摩治风膏。"至于华氏摩膏方的组成，《外台秘要》泾谓即该书所载之范汪方黄膏、白膏方。范汪是东晋人，离华佗的时代并不远，有可能得到的是华佗时代流行的方剂。《千金要方》除这两张摩膏方之外，还有一张青膏方，三方的药物组成、制剂、用法都很详尽。三张膏方均含有乌头、附子，与仲景的外治方头风摩散的方药也相同。《三国志·华佗传》有"缝腹膏摩，四五日差"之说，故知摩膏外治法是华佗之专长，摩膏法不仅用于外科手术后及外科疾患，亦可用于伤寒外治。东汉末年，华佗与张仲景在互不相识的情况下，都对伤寒病的诊治规律，做出了深刻的探讨，这固然是由于他们的医术精湛，同时也说明了当时伤寒病的危害是相当深广的。张仲景《伤寒论》的成就，历代医家都有研究和继承。华佗关于伤寒的"六部传变"学说，不同于《素问·热论》和《伤寒论》，不是以六经辨证平列证候，而是有自己的特点，是一套描述外感热病由表及里、由浅入深、自上而下的辨证规律的论述，可以说是卫气营血辨证、三焦辨证的滥觞。华佗以"汗吐下"三法治疗伤寒，临床手段十分丰富，治疗效果甚佳。

总之，华佗伤寒学说由于具有独特的理论色彩和辨证纲领及其特殊的治疗方法，故从东汉末年直至到隋唐时代，一直是作为

临床医家治疗外感热病的基本指导原则，为祖国医学的发展作出了应有的贡献。值得进一步深入研究，使之成为华氏医学中的重要组成部分。

4. 其他杂症

华佗不仅精于外科、针灸以及各种内科杂病的治疗，在妇产科、小儿科、和寄生虫病等方面的治疗上都有很高的造诣。华佗又是一位寄生虫病的专家。人体寄生虫的种类很多，古代便有"九虫"之称，对寄生虫病的治疗，华佗积累了许多丰富的经验。有一次，华佗在路上碰见一辆车，车上躺着一位患咽喉阻塞的病人，咽喉间似乎被什么东西给堵塞住了，吃不下东西，唉声叹气的正乘车去找医生医治。病人呻吟着十分痛苦。华佗走上前去仔细诊视了病人，就对他说："刚才你经过的路旁，不是有家卖饼的小店吗？你向路旁卖饼人家要三两萍齑，再加上半碗酸醋，调好后吃下去，病自然会好的。他家腌制的萍齑很酸。"病人按照他的话去做，讨了萍齑和醋吃下去，不久就吐出一条像蛇那样的寄生虫，病也就真的好了。病人把吐出来的虫挂在车边去找华佗道谢。刚走到华佗家门前，华佗的孩子恰好正在门前玩耍，一眼看见，就说："那一定又是我爸爸治好的病人。"那病人走进华佗家里，看见墙上正挂着几十条相同样子的寄生虫。才知道华佗是一位治寄生虫病的专家。华佗用这个民间单方，早已经治好了不少病人了。

广陵郡太守陈登是曹操非常信任的一个人，有一次他得了一种怪病，感到心中烦躁郁闷，脸色发红，吃不下去东西，身体也一天天瘦下去。刚好华佗正在此地行医，于是太守便派人请华佗

给他诊病，华佗为他切脉之后告诉他说："您是不是吃了不清洁的鱼啦？您胃中有好几升虫，已经聚结成团了。将在腹内形成毒疮，是吃生腥鱼、肉造成的。"陈登半信半疑地说："我是吃过鱼啊，好吧，你治治看吧"。华佗马上煎了二升药汤，让病人分两次喝下，陈登先喝了一升，大概过了一顿饭的工夫，陈登吐出了约三升小虫，吐出来的虫，头部是赤红色的还都会动，上半截是虫，下半截还是生鱼块。虫吐出来了，病痛也就好了。这可把陈登吓坏了，问华佗道："虫吐尽了，病可算好？""当然可好！"华佗说，"这种病三年后会再次复发，如果发作的时候遇到良医，还能救活，如果遇不到良医恐怕就没救了。"三年以后，陈登的病按照预计的时间果然旧病复发，当时华佗不在，没人可治，正如华佗预言的那样，陈登终于死了。

《三国志·方技传·华佗》项下《华佗别传》有这样记述：琅琊刘勋为河内太守的时候，有个女儿差不多二十岁了，这女儿在小的时候，生了一种怪病，左脚的膝关节内侧长了一个疮，痒却又不痛。每次发作要几十天才能好，好了一段时间后间隔不久又会复发。这样反复发作已有七八年了，每次发作都无法走路，非常痛苦。这一年，碰巧华佗行医至此，于是家人就把华佗接过来为太守女儿看病。检查之后，华佗发现这位小姐的脚里长了一种寄生虫。并自信地说此病治之不难。可是这位名医的治疗方法后却始终让人不得其解。他的治法是找来一只稻糠色的狗和两匹好马，先让一匹马在前面拉着狗跑。这匹马跑累了就换另一匹。马跑了三十多里路时，狗就跑不动了。又让人拖着狗跑，直到跑了五十多里为止。此时令小姐服药，当小姐沉沉入睡时，取来一把大刀，把狗从肚子靠近后腿前面的地方砍断，把狗腿被砍断的地方正对

着疮的创口，固定在相隔两三寸远的地方。不久小姐的腿内就有蛇一样的东西自疮中爬出，向着流着血的狗腿爬去。于是华佗马上用铁椎子横贯虫的头，虫在皮肤内摇动了好一阵子，很久也不肯出来，于是等虫不动了，华佗用铁椎子一点点地把虫牵出来，只见虫子身体大约有三尺长，长得完全和蛇一样，只是眼睛的地方没有眼珠子，而且蛇鳞是逆着长的。之后用药膏散敷在伤口处，七日就完全好了。这种治疗方法简言之，是狗血诱虫。推想华老先生此举意在"以毒攻毒"。先跑累狗，是为了在杀狗时避免狗的挣扎，同时，狗在奔跑过程中血液沸腾，血的气味会更加的浓厚，易于吸引出虫子来。而且在让病人先服药安眠（华佗早以发明与应用麻沸汤闻名于世）的情况下，靠近疮口杀狗，以免惊吓着病人，不管是狗血刺激虫体活动还是故弄玄虚，有虫慢慢伸展爬出疮口的皮肤，大夫立即以铁丝横贯虫头并牵出虫来，如此似乎并不无道理。至于用奔跑疲惫之后的狗血有无引诱作用以及史料中记述虫有三尺多亦似过长，只是如果很多条虫连接起来倒也有几尺，等等这些我们不必再深究，也无再计较的必要了。有趣的是：汉末之际，华佗在他的行医生活中，已经能够极为巧妙的诊治寄生虫，不愧是一位名扬千古的医学大家！

在妇产科的治疗方面，华佗亦有独到之处。有一位李将军的妻子肚子痛，请华佗过来诊视。华佗切脉之后说："这是妊娠受伤胎儿不下。"李将军说："妊娠受伤一点不错，她是摔了一跤。可是，胎儿已经下来了。"华佗说："从脉象上看，胎儿未去。"李将军不以为然，华佗就走了。过了些时候，李将军的妻子痛得又厉害起来，再请华佗来诊。华佗说："脉理如前，此是两胎。因为第一个流产时失血过多，后一个生不出来，已经死在肚子里

华 佗

了，应当赶快取出来。"他先给病人扎了针，又进以汤药，然后请一位妇人帮助把已经变黑了的死胎取了出来。华佗对妇科疾病均能做出正确的诊断和适当的处理。治疗方法也是多样的，或药物内服，或针药并施，或针药加手术治疗等等。

华佗行医来到一个小村庄，走渴了，便到一家农户讨水喝。刚把茶碗端到手里，就听见隔壁有妇女的呻吟声。华佗忙问道："你们庄上有病人吗？""哎呀别提了，隔壁胡老大，一家三口，老太太七十多岁，胡老大四十多岁，媳妇也快四十了，过门二十年没有生孩子，老太太眼巴巴望着抱孙子呢。今年媳妇怀孕了，一家人欢喜的不得了，不知怎么搞的，昨天媳妇望橱上东西时，扭了下，肚子马上就痛了起来，越痛越厉害，今天早上小便还带血，一家人急得像热锅上的蚂蚁，也没有办法。"华佗听后，放下茶碗，急忙走到隔壁胡老大家。只见母子俩愁眉苦脸，围着正在呻吟的媳妇打转转。华佗说："我叫华佗，听说你家有病人，过来瞧瞧。"老太太听说是华佗，简直是喜从天降，扑通一声往地上一跪说："阿弥陀佛，救星来了。"华佗忙扶起老人，去给媳妇切脉，又摸了摸病人的肚皮，发现是胎位下移。只要把胎位扶正，母子就能脱离危险，但用什么办法呢？华佗正皱着眉想办法，老太太见这个样子，以为在等医钱，连忙掏出八十多个铜钱给华佗，说："华医生，这是给您的药金。""药金？"华佗一见钱，马上有了办法。他把老太太手里的钱抓过来，撒了一地。愤怒地说："我看病有个规矩，并没有看好之前，谁把钱给我，这病我就不看了。"说着，假装要走。老太太和儿子慌了，扯着华佗的衣服哀求说："原谅我们吧，咱实在不知道您有这个规矩啊。""不懂可以原谅，"华佗变下脸说，"但要叫病人亲自把铜钱拾起来给我才

行。不然，我就不看病了。"老太太看媳妇痛成那个样子，实在不忍心，但又看华佗生气要走，就只有劝媳妇："你就忍一忍，挨个把钱拾起来吧。请老先生开点药吃吃，痛就好了。"媳妇也没有办法，只好忍痛下床，弯着腰，从地上把八十多个铜钱一枚枚拾起来，最开始痛得满头大汗，拾到后来就不感到怎么痛了，待把钱拾完，就一点也不痛了。这是，华佗哈哈大笑说："你媳妇的肚痛已经好了，不用吃药，只要不吃药，我是不收钱的！"说罢，把钱交还给了老太太。老太太听了很惊奇，还当华佗开玩笑呢，仍哀求华佗给媳妇开药。华佗对她说，你媳妇并不是得病了，而是因为够高使劲过度，胎位下移，再迟两天，胎儿死在娘肚里，大人就危险了。我要她拾钱是假，实际是使她安胎。现在胎安好了，睡两天就没事了。千万注意，今后不要硬够高。"老太太听了将信将疑，问媳妇怎么样，媳妇点点头笑着说："现在好了，肚子不痛了。"这时母子俩才放下心来。六个月后，生下了一个小男孩，为了感谢华佗，就起名为"拾钱"。

一天，雨过天晴，天朗气清，华佗背着青囊正匆匆赶路，忽见迎面抬来一口棺材，后面跟着几个人，嗷嗷大哭。当棺材从华佗面前抬过去的时候，从棺材里滴出了一滴一滴的血，华佗低头细看，那血是鲜红鲜红的。他赶快招呼道："快停下来，棺材里的人没有死。"抬棺材的人惊讶地停下来。华佗上前问："棺材里是什么人，怎么死的？""是个女人，生孩子没有生下来，就死了。""死了多久？"华佗急问。"刚断气，因为人穷，又加上天气炎热，只好装进棺材，趁天未黑，抬上山埋了。""赶快开棺救人，"华佗说，"此人没有死透，有救，如果再迟些，就真的救不了啦。"死者亲人听华佗这么一说，赶紧跪下感谢。棺材打开后，

华　佗

里面躺着的少妇面色红润，华佗撬开她的嘴巴看舌苔，根据经验，脸红舌青，子死母活；舌红脸青，母死子活；脸红舌红，母子皆活。华佗见到少妇脸舌皆红，赶忙抓住死者的手，在合谷、人中、三里、印堂、胸腕等穴道连扎三次针。只听哇啦一声，孩子生下来了，母亲也活过来。华佗治活了死人，救了孩子，"起死回生"的美名，从此传扬开了。

有一户人家的小孩子发烧，烧了几天，突然不哭也不笑，不吃也不喝，躺在床上不睁眼，如同死人一般。家人请了几位医生，都说不出孩子生的是什么病，摇摇头，叹叹气，甩手走了。孩子的爹娘没办法，只有哭着等孩子断气。这时正好华佗路过，他看了看孩子的脸色、形态和手指纹，切脉诊断后，觉得此病难治，便对孩子的爹娘说道："孩子的病还有治，不过有个条件。""华医生，你说吧，只要能治好孩子的病，啥条件我都答应您。""那好吧，孩子交给我，咋处置得听我的安排。""好"，孩子的父母觉得孩子不会活了，就死马当活马医，答应了。于是，华佗在屋后背阳的地方挖个坑。一见挖坑，孩子的爹娘急了，忙说："医生啊，孩子还没有断气啊，你咋能这么狠心啊！"华佗擦擦汗说："孩子还躺在你家床上啊，我这是治病的法子，你们快去找两筐柳、槐树叶来，我一会儿要有用的。"孩子的爹赶紧去采树叶。华佗把坑挖到五尺深，在坑底放了二尺高的柳、槐树叶，然后把病孩放在树叶上，又在孩子身上放了一尺高的柳、槐树叶，华佗就在坑边守着。过了两天两夜，小孩"哇"的一声哭了，华佗把他抱起来，只见满身尽是斑点，就像朱砂一样红，华佗把小孩抱给他的爹爹，说："这个孩子的病好了。"孩子的爹娘，看到孩子能哭能笑了，说不出的喜悦，一个劲地感谢华佗，说："华医生，

这孩子得的是什么病啊？""这个……"，华佗说，"孩子在娘肚里的时候，娘发高烧，孩子受了胎热，热毒攻入孩子的肺腑。柳、槐树叶都是性凉的东西，可以拔出内脏的热毒，毒拔出了皮肤，病就好了。

　　华佗除了系统地接受了古代的医疗经验外，还能很好地重视和应用民间的医疗经验。他一生游历了不少地方，到处采集草药，向群众学习医药知识。在向民间找药的同时，还从民间搜集了不少单方，经常用这些单方来治病。传说华佗被留在曹营的时候，整天什么事也没有，就白天撰写医术著作，晚饭后散步到城外散散心，看看百姓，如果遇到病人，就给他们瞧瞧。这一天，他走到城郊，见一个农夫正在驾牛耕地，地头有一个小孩子正在大便。这个小孩瘦得不成人样子，大肚皮，麻秸腿，脉子细长。再看他拉出来的大便都是铜绿色，屎团硬的像石头。华佗就问耕地的老汉"这是你的孩子吗？""是的，"老汉回答。""这孩子有病吗？怎么会瘦成这个样子呢？""不知道"，农夫摇摇头说，"饭量跟大人似的，尽拣好的吃，就是只吃不长肉，越吃越瘦，不知道是咋回事啊！"华佗仔细看看小孩儿的面相，切切脉，又回头检查了小孩的大便，便对老汉说："你的小孩是得病了。""啥病？"老汉一听急了。"孩子一定是误吞了铜器，所以会只吃不长。""只吃不长，倒是事实，可是孩子没有吞铜器啊？""你去犁地，让我来问问他。"老汉于是犁地去了。华佗把小孩抱起来，坐在自己的腿上，逗孩子玩，不一会儿，孩子就对华佗不再生疏，有说有笑的，华佗故意拿着一文铜钱，塞进嘴，装着要吞进去的样子。小孩指着华佗的嘴说："我也能吞下肚。"他还天真的指指自己的肚皮。华佗问小孩："你吞过这东西没？""当然吞过啊，"小孩边

说边比划着给华佗看，"我吞下过这么大的钱。"华佗明白了，孩子吞下的是一文钱。"回家咋没和你爹说呢？"华佗又问小孩子。"没有"，小孩子摇摇头，"我怕挨打，所以瞒着爹呢。爷爷，你可不要告诉我爹啊。"华佗跟犁地的老汉说："他吞下的是一文钱，回家后你烧木炭灰给他吃，七天后，铜钱就会泻出来，孩子的病就好了。第七天的下午，也是这个时候，我在这里等你，你把孩子泻下来的钱给我。"老汉有些将信将疑。老汉回到家后，烧了木炭灰给孩子吃了，吃到第七天的早晨，孩子拉大便，果然泻下碗大的一堆紫色血饼，血饼里裹着一枚铜钱，钱在血里都生了铜绿了。老汉把铜钱钳出来，洗净。等到下午的时候，抱着孩子坐在地头等华佗，他们父子刚坐下，华佗便到了。老汉父子赶紧跪下叩头，说："谢谢神医救命之恩。"又把铜钱交给了华佗。"木炭要继续吃，"华佗对老汉说，"多吃几天，把肚里的余铜泻尽，孩子才能长肉。""神医，请把您老人家的名字留下来吧！""我叫华佗"，老汉听了忙又跪下叩头，说："久闻神医大名，却无缘相见，今天遇到并治好了我孩子的病，真是我家的幸运啊，厚恩难报！"华佗扶起老汉说："治病消灾，这是医家的本分啊，快不要多说，时间不早了，你赶紧回家吧，我也得回曹营了。"原来，用木炭泻铜器的方法，就是华佗在早年治病时搜集到的民间单方呢！

据说华佗一年中有八九个月的时间是离家给人治病的。他吃得了苦，走到哪，歇到哪，不管是城里还是乡村，从不计较饮食、床铺的条件，只是一心为病人着想。遇到有疑难病症或好的单方，也是随手记载下来，存入青囊，供日后参考或研究之用，不断提高自己的医疗本领。这一年，华佗正行医在淮北的青杏庄，给一

个姓单的穷老汉的儿子治病。华佗号过脉，开过药，就让单老汉去煎药。因为这孩子病的有点奇怪，华佗一时未敢离开，他就背着手踱出门外，村前村后的随便走走看看的。忽然天哗哗地下起了大雨，华佗赶紧跑到村东一个姓王的老汉家的屋檐底下躲雨，这时，王老汉正站在屋檐下，手捧着蒜臼在接茅檐滴下的雨水。华佗百事留心，见老汉的行动有些蹊跷，就问道："老大爷，你接这水是有啥用啊？""华医生，这是付单方啊。"王老汉回答说。"啊！单方？"华佗从未听说过，感到很新奇，便追问道："这是治什么病的？""洗猴疣，可以不生疤痕。""好药！"华佗一高兴，忙凑到王老汉面前，边看便问道："王大爷，这单方已经治好了多少人啦？"王老汉扳着手指头数了数，本村的哪些人啊，邻村的哪些人啊，都一一的讲给了华佗听，华佗全都记下了姓名。在青杏庄，华佗住了七八天，在为单老汉的儿子治病的同时，偷闲挨家挨户地去看视蒜臼茅檐水治好的猴疣病人，果然，这些人之中，无论男女老少，长猴疣的地方，经过水洗之后，如今都已经好了，没有一个留下疤痕的。华佗看了看，还用手摸了摸，验证无疑，于是，非常高兴地记下了这个单方，又解决了一个疑难病症。俗话说"大海不拒细流"，所以才水大；华佗是处处留心皆学问，所以他医术高！

四、养生之术

在道教的养生术中,导引术是基本的方法之一。"导引"是一种节奏缓慢的运动方式,是以气功和仿生运动为基本内容的一种养生术。华佗十分倡导养生,他还有一个伟大的贡献,就是把体育和卫生联系起来,从"防病于未然"出发,创造了"五禽戏",在我国中医学导引养生方面做出了贡献。

1. 五禽戏的创立

医学家华佗在"户枢不蠹,流水不腐"思想的指导之下,认为人体必须经常活动,才能保持一种健康的状态,但活动不能过度。经常活动能使消化能力增强,血脉畅通,不易发生疾病。正如天天转动的门轴,不会长蛀虫,流动的水不会腐烂一样。对前人的健身活动经验做出创造性的总结,模仿虎、鹿、熊、猿、鸟等兽禽动作编创出五禽戏,用以活动筋骨,增强体质。这是中国民间流传范围最广、流传时间最长的健身方法之一。《后汉书·艺文志》记载:"华佗五禽戏诀一卷。"原本已佚,今天的传本是南朝梁陶弘景所辑录,载入《养生延命录》中:"虎戏者,四肢距地,前三掷,却二掷,长引腰……鹿戏者,四肢距地,引项反顾

……熊戏者，正仰以两手抱膝，下举头……猿戏者攀物自悬伸缩身体……鸟戏者，双立手翘一足……"。"五禽戏"，就是模仿五种动物的形态、动作和神态，来舒展筋骨，畅通经脉。是中华民族一种最古老的健身体操。常做五禽戏可以使手足灵活，血脉通畅，还能防病祛病。第一种动作是模仿虎的前肢捕捉的姿态；虎勇猛力大，威武刚健，常练可使四肢粗壮，增长力气；第二种动作是模仿鹿伸扬头颈的姿态，可以心静体松，动转舒展，常习可伸引筋脉，腰腿灵活；第三种动作是模仿熊侧卧的姿态，熊步履沉稳，力撼山岳，常练可倍增力气，促进血脉流通；第四种动作是模仿猿的脚尖纵跳的姿态，猿敏捷机灵，纵跳自如，攀援轻盈，喜搓颜面，常练可使人头脑清醒，动作轻舒灵敏；第五种动作是模仿鸟的双翅飞翔的姿态，鸟悠然自得，高翔轻落，常练可使动作轻快，心情舒畅。把虎的雄壮威猛、鹿的轻捷舒展、熊的憨厚刚直、猿的灵活敏捷、鸟的轻盈潇洒组编而成的一套动作，同时又把呼吸吐纳有机地结合到其中。经常练习，即可驱病延年。模仿这五种动物姿态，可以使周身关节、脊背、腰部、四肢都得到伸展活动。体质衰弱的人，常练"五禽之戏"，可以使体魄健壮起来；患病的人，练了"五禽之戏"，可以加速康复的进程；年迈的人，练了"五禽之戏"，可以使容颜焕发，精神旺盛。

据《三国志·华佗传》记载"吾有一术，名曰五禽之戏：一曰虎，二曰鹿，三曰熊，四曰猿，五曰鹤。亦以除疾，并利蹄足，以当导引。体中不快，起做一禽之戏，沾濡汗出，因上着粉，身体轻便，腹中欲食。"华佗曾对吴普说："人的身体应该得到运动，只是不应当过度罢了。运动后水谷之气才能消化，血脉环流通畅，病就不会发生，比如转动着的门轴不会腐朽就是这样的道

理。因此以前修仙养道的人常做"气功"之类的锻炼，他们模仿熊猿攀挂树枝和鸱鹰转颈顾盼，舒腰展体，活动关节，用来求得延年益寿。我有一种锻炼方法，叫做"五禽戏"，一叫虎戏，二叫鹿戏，三叫熊戏，四叫猿戏，五叫鸟戏，也可以用来防治疾病，同时可使腿脚轻便利索，用来当做'气功'。身体不舒服的时候，就起来做其中一戏，流汗浸湿衣服后，接着在身体上面搽上爽身粉，身体便会觉得轻松便捷，腹中也想吃东西了。"华佗给他的学生吴普打了一个生动的比喻：门的转轴（户枢）为什么不会腐朽呢？就是因为它经常在转动。自古以来的长寿之人，并非是靠什么灵丹秘药，而是讲究导引之术，重视经常锻炼身体的结果。经常运动，饮食容易消化，血脉流通，筋骨捷利，疾病就不会侵入人体了。据说，华佗的弟子吴普、樊阿，终生以"五禽戏"为养生之道，一个活到九十多岁，一个活到一百多岁，仍然耳聪目明，牙齿完坚。关于"五禽戏"还有这样一个故事：据说华佗年轻时曾去公宜山采药，快爬到半山腰的时候，发现了一个洞穴，他很好奇，正想进去，忽然听到里面有人在谈论医道，于是他就站在洞外听。正当他听得入神，听着听着，就听见那两个人谈起了华佗，这可把他吓坏了，他正要转身跑去，忽然听见一个人叫道："华生既已来了，何不入内一叙！"华佗只好硬着头皮走进去，原来竟是两位白发长须的仙人。他们向华佗传授了许多奇妙的医术，另外还传给他一套健身功法：即模仿虎、鹿、熊、猿、鹤的姿态去运动，这就是著名的"五禽戏"。华佗下山之后，依教奉行，不但救治了众多的病人，也增进了自己的健康。

"五禽戏"做为华佗所创立的导引方法之一，同时也是我国现存最早的导引方法之一。考据"五禽戏"的最早雏型应该形成于

春秋战国时期，庄子首先提出"熊经鸟伸"的锻炼方法，其实这便是由熊和鸟的动作所组成的"二禽戏"，到了西汉时期刘安在《淮南子·精神训》中添上了"若夫吹嘘呼吸，吐故纳新，熊经鸟伸，凫浴猿跃，鸱视虎顾"的动作，而形成了由熊、鸟、凫、猿、鸱、虎，熊动作组成的"六禽戏"。到了华佗的时候，他根据自己的实践经验而总结出由虎、鹿、熊、猿，鸟动作构成的"五禽戏"。这以后又在后世多次衍变，形成多种"五禽戏"的方法，在晋代的《抱朴子》等后世著作中也多次被转引，由此而奠定了中国气功中动功的基础，全套动作要意气相合，功静有致，意在引气，意动则全身皆动，以全身微微汗出为度。动作完毕后，扑上滑石粉，可以收到使全身轻松、筋骨舒展、精神倍增的效果。

所谓"导引术"，就是呼吸运动和躯体运动相互结合的一种医疗体育方法。是指"导气令和"、"引体令柔"。早在原始时代，先民们为了表示欢乐、祝福和庆功，往往学着动物的跳跃姿势和飞翔姿势舞蹈，后来，便逐步发展成为锻炼身体的医疗方法。用现代汉语来表达，"导引"就是保健医疗体操。早在春秋战国时，以呼吸运动为主的"导引"方法已经相当普遍了。《庄子·刻意》曾提出："吹呴呼吸，吐故纳新，熊经鸟申，为寿而已矣。此导行之士养行之人彭祖寿考者之所好也。"已经认识到以呼吸和模仿动物运动相结合的方式，可以使人延年益寿。《黄帝内经》更把"导引"与按摩、灸、费、针、药等并列为医疗方法。晋代葛洪在《抱朴子·对俗篇》中说："夫陶冶造化莫灵于人，……知龟鹤之遐寿，故效其道（导）引以增年耳！"说明最原始的导引法，正是从仿效龟鹤等长寿动物为其起源的，其目的也就是与疾病和早衰作斗争，以获取延年益寿的功效。这可以说是世界上应用于体育

和医学领域中最古老的仿生学了。这种仿生导引的实践，在华佗五禽戏诞生之前，至少已经历几千年的漫长历史。因此，华佗五禽戏已经是一套相当成熟的导引套路，而且是以祖国医学和民间体育理论为依据的。正因为如此，它对后世导引和武术的影响极为深远。

1974年出土于湖南长沙马王堆三号汉墓的《导引图》，是所知现存最早的一卷保健运动的工笔彩色帛画，大致断定为西汉早期的作品。但《导引图》出土时残缺严重，经过拼复共有44幅小型全身导引图，从上到下分四层排列，每层各有11幅小图。而发明"五禽戏"的华佗是东汉时期人。据此我们可以认定，《导引图》并非《五禽戏图》，二者并不是一回事。《导引图》中画有按各种动物姿态进行锻炼的运动方式，其中除了虎式与鹿式运动因文字残缺而不能确认外，其他动作，如鸟式就有"鸟伸"、"鹞"、"鹞背"、"鹤口"等四种；熊式有"熊经"；猿式有"沐猴"、"猿谑"等等。到了汉代，导引疗法又得到了进一步的发展。华佗提倡积极的体育锻炼，依据前人的经验，创制了"五禽戏"的体操，是在继承前人导引理论和实践的基础上，归纳、总结和创新的成果。从而开创了中国保健体操的先例，也是一种十分优秀的导引疗法。

众所周知，五禽戏源远流长，是以形神兼备、模拟动物活动见长的。时至今日，华佗逝世已经有一千八百多年了，而其所首创的五禽戏，在我国民间仍然广泛流传并获得创新发展，竟然历一千八百余年而盛行不衰。而且早已繁衍发展成为一个分支浩荡的著名导引学派，近些年更是已经流布到世界各国，为各国人民所接受，不断地为中国和世界人民的医疗保健作出贡献。显然这

是经过历代人民继承、创新、发展而获取的重大成果，是不能只归功于华佗一人的，但为纪念华佗首创五禽戏的功绩，而沿用"华佗五禽戏"的名称，却是名副其实的。当今各地民间流传的各种五禽戏的套路，已多达一、二百种，同时又分为几大派别，有主张恪守古训，采用传统导引理论，主张专精而反对泛滥，也不轻易更改古谱的传统派；有要求内容丰富多彩，动作五花八门，其繁简难易的差异不一，在仿生上讲形神兼备，在应用上则侧重于保健的创新派；还有主张根据虎、鹿、熊、猿、鸟等五禽活动形象，凭自己想象随意仿效，即对动作姿势不加规范，而采取即兴发挥，只需在主观上做到"学虎像虎，装熊像熊"就可以了的自由派。"五禽戏"作为一种有效的健身方法，后世一直流传不衰。唐代大文学家柳宗元曾有"闻道偏为五禽戏"之句。明代周履靖把五禽戏的动作描绘成图，编进了《亦凤髓》一书。直到今天，五禽戏被发展成许多流派，至今仍旧在民间广泛流传。

　　五禽戏的盛行，还带动了其他医疗技术的发展。唐代，孙思邈继承华佗的医学思想，提出"流水不腐，户枢不蠹，以其运动故也"，提倡适当的运动，包括五禽戏、天竺国按摩十八法等，认为这些方法都即可以施用于平时，亦可以用于病患之时。其时五禽戏不仅可以用于锻炼身体，还可以用来治疗多种疾病。宋代陆游曾有诗云："啄吞自笑如孤鹤，导引何妨效五禽"（《春晚》）；"不动成罴卧，微劳学鸟伸（《遣怀》）"。这些诗句可以佐证当时五禽戏较为流行的盛况。明清时期，五禽戏又有了较大发展。此时期关于五禽戏的研究专著出现的也比较多。影响较大的有明代周履靖的《夷门广牍·赤凤髓》（周履靖将华佗五禽戏的动作精心绘成图案，编入此书)、清代曹若水的《万寿仙书·导引篇》和席锡

蕃的《五禽舞功法图说》等，均以图文并茂的形式，比较翔实地描述了五禽戏的习练方法。

2. 五禽戏的功用

把五禽戏用于养生保健，强身健体，这是大家所熟悉同时也易于接受的。但对使用五禽戏用来治疗疾病的作用，却是大家所不太熟悉的和不易接受得了。因此，阐明五禽戏的导引医理，无疑是具有积极意义的。导引疗病并非始自东汉的华佗五禽戏，如《黄帝内经·素问·异法方宜论》《灵枢·病传篇争》《吕氏春秋·古乐》等古籍都有关于上古时代运用导引疗法治疗疾病的记述。西汉帛画《导引图》更绘有许多医疗肋痛、膝痛、胀积、温病、痹痛等导引术式。

五禽戏对患者有着很好的医疗作用，同时对健康者来说，亦不失为一种极好的强身健体锻炼项目。长久练之，可以使人筋骨强健、肢体丰满、精力充沛、身手敏捷。既能养生，又能改善病人的健康状况。疾病的发生与否，取决于人体正气的盛衰、五禽戏通过姿势的调整、呼吸的锻炼、心神的修养，来疏通经络、活跃气血、协调脏腑、平衡阴阳，起到锻炼真气、培育元气、扶植正气的作用，达到抵御外邪、祛病强身的目的。五禽戏在锻炼时，强调放松机体、平衡呼吸、安静大脑，可直接作用于中枢神经以及植物神经系统，缓冲不良情绪对大脑的刺激，降低大脑的应急性反应，从而维持人体内环境的相对稳定，预防疾病的产生。

五禽戏的练功方法讲究内外合一，形神兼备，武术界有句行话，叫做"内练一口气，外练筋骨皮"。所谓"内"，指的是心、意、气等内在的情志活动和气息运动；所谓"外"，指的是手、

眼、身、步等外在的形体活动。动功由肢体运动、呼吸锻炼、意念运用三个部分组成。肢体运动表现于外，但要求达到"动中有静"的状态，即注意力集中，情绪安定，并根据动作变化，配合以适当的呼吸方法，达到形、意、气三者的和谐统一。五禽戏是一种刚柔有别的练功方式，但又十分注重这种内外合一、形神兼备的练功方法。这种练功方法，对外能活利关节、强健筋骨、壮实体魄，对内能调理脏腑、畅通经络、调节精神，使全身心都可以得到全面的发展。

对于"内"，即情志和气息的调节，可以补充元气，平衡阴阳、调和气血。人体的健康状况，取决于元气的盛衰，元气充沛，则后天诸气就可以得以资助，从而脏腑协调，身心健康；而先天禀赋不足或后天因素损及元气的则可能导致一系列疾病的发生。禽戏的锻炼，非常重视培补人体的元气，比如练功中要求意守丹田，是由于先天之精藏于肾，肾位于腰部，因此通过意守和吸抵撮闭的呼吸锻炼，使肾中元精益固，"精化为气"，这样则元气自充。练功使元气充沛之后，则可以更好地激发与推动脏腑所进行的正常有效的生理活动，这对维持机体健康具有相当重要的意义。同时，阴阳的平衡是维持人体正常生理活动的基础，阴阳平衡关系一旦破坏，就意味着疾病将要发生。中医学认为，疾病的发生、发展、诊断、治疗、转归等，都是以阴阳学说为理论依据的，"阴盛则阳病，阳盛则阴病。"所以，五禽戏能养生治病的机理必然也寓于阴阳变化之中。如对阴盛阳虚的病人，就应选择多练习动功，以求助阳胜阴；而对阴虚阳亢的病人，则应选择练习静功，以求养阴助阳。夏季练功以静功为主，以防耗阳；而冬季练功则以动功为主，以防阴盛。气血同样是构成人体的重要组成部分，

是维持人体生命活动不可缺少的精微营养物质。气具有推动、温煦、防御、固摄和气化等作用，血具有营养和滋润等作用。正常情况下，气血之间维持着一种"气为血之帅，血为气之母"的相辅相成的动态平衡状态，称为"气血调和"；而"气血不和，百病乃变化而生。"百病就会因此而生。五禽戏中的"意守"，就能起到调和气血的作用。

对于"外"，即手、眼、身、步等外在的形体活动的动功功用，是由肢体运动、呼吸锻炼、意念运用三个部分组成。具有疏通经络、调理脏腑的功效。经络遍布全身，是人体气、血、津液运行的通道，是联络五脏六腑的生理结构，经络有广泛而重要的生理作用，概括起来，经络有运行气血、营内卫外、联络脏腑、病邪传变、诊察病机等作用。因此，五禽戏的医疗保健作用，也必将通过疏通经络这一机制来实现。练功时，意识注意的部位，大多是腧穴部位。腧穴是经络气血流注汇聚和经气出入的地方；以意引气，多见循着经络运行，这种经气传感现象，是通过锻炼可以获得的；通过肢体的活动或按摩拍打，触动气血循着经络互流，百脉皆通，气血充盈，在医疗、保健等方面都有着重要的作用。五脏包括心、肝、脾、肺、肾，六腑包括胆、胃、小肠、大肠、膀胱、三焦，我们已经知道五禽戏的运动全面而周到，从四肢百骸到五官九窍，一动百动，从而也带动着脏腑进行活动，当然涉及脏腑的活动也是全面而周到的，通过锻炼，对疏通经络、输布气血、增强肌肉力量、活跃生理机能，均起着良好的作用。根据中医的脏腑学说，五禽配五脏，虎戏主肝，能疏肝理气，舒筋活络；鹿戏主肾，能益气补肾，壮腰健骨；熊戏主脾，能调理脾胃，充实两肢；猿戏主心，能养心补脑，开窍益智；鸟戏主肺，

能补肺宽胸，调畅气机。但是，人体是一个有机的整体，五脏相辅相成，所以，五禽戏中任何一戏的演练，主治一脏的疾患，又同时兼顾于其他各脏，达到祛病强身、延年益寿的作用。

由此可以看出，"五禽戏"对呼吸系统和神经系统有着重要的影响，"五禽戏"运动有开、合、虚、实与呼吸结合的要求。开、实为呼；合、虚为吸。一开一合即一呼一吸。这种动态变化完全符合人体运动的生理规律；它有助于强健肺脏器官，并保持胸部正常的活动幅度和肺的弹性。在练习"五禽戏"时要求保持胸宽、腹实的状态，姿势动作要求气向下沉，即"气沉丹田"。这样能有效地放松紧张的呼吸肌，改善肺通气量。要求"以心行气，以气运身"，运用腹式呼吸法，将呼吸逐渐调节到深、长、细、缓、匀的良好运动状态中，这有助于纠正不合理的呼吸方式，改善和发展肺脏的代谢功能，增加肺活量。所以，"五禽戏"的运动能增加肺活量，提高"吸氧吐纳"的能力和肺脏的通气、换气功能，延缓呼吸系统的衰老，保障新陈代谢的正常进行，以有效地预防和治疗气管炎、肺气肿等呼吸道方面的疾病。五禽戏还能锻炼人的神经系统，能改善人的抑郁、焦虑和紧张。"五禽戏"运动能改善人体神经系统的生理功能，"五禽戏"要求清静用意，精神内守，仿效五禽，意动身随，增强意念的控制能力。经常从事"五禽戏"运动，可以使人体中枢神经系统的兴奋和抑制更加集中，不断改善神经过程的均衡性和灵活性，提高大脑的分析、综合能力，使人体能够适应外界环境的变化。习练"五禽戏"时，要求仿效以意导动，用联想和再现动物行走的方法在头脑中形成一整套技术动作。而"五禽戏"这种专一意念下的活动方式，可使大脑皮层运动区域的活动处于一种兴奋状态。所以，人们在紧

张的学习或繁忙的工作之余习练"五禽戏",既可身健体灵,又可以变换大脑皮层的兴奋区域,从而使大脑得到适当的调节和休息。在怡养心神的同时又延缓了大脑神经细胞的衰老。目前,国内外的心理医生大多数认为,体育锻炼是治疗焦虑和抑郁的比较有效的手段。五禽戏已成为人们心理康复的重要治疗手段之一。有关学者还认为,"五禽戏"是一种放松性的有氧运动,大多数练习者在这种优雅轻盈的运动中,身体得到了放松。在习练"五禽戏"的过程中,要求精神专注于动作,有效地消除了大脑的紧张感和疲惫感。五禽戏的作用不是在于发展身体某部分机能或治疗某种疾病,而是通过调身、调息、调心的综合锻炼,达到调整中枢神经系统,增强机体的抵抗能力和适应能力,改善整个机体的功能,强调整体观,以内因为主的运动。通过锻炼,人的睡眠得到改善,食欲增加,精力充沛,身体内部正气就会逐渐旺盛起来,不少体质虚弱或有病的人,就是在身体内部力量逐渐充实的基础上,逐渐得以摆脱病理状态,增强了体质,提高了健康。有的人在运用五禽戏治疗某种慢性疾病的同时,其他疾病也可以随之减轻或治愈。

五禽戏的动作对运动系统的保健作用同样较为明显。其活动部位全面,运动幅度比较大,各种动作涉及全身各大肌肉群,以及脊柱四肢、手指的关节运动,如头颈俯仰、侧屈、耸肩、旋肩、摆臂等动作,运动部位均十分全面充分。所谓"虎戏",是模仿虎的前肢扑动,借以锻炼上肢运动,使周身肌腱、骨骼、关节加强,精力旺盛;"鹿戏"是模仿鹿的伸转头颈,借以锻炼头颈部的肌群、椎关节和改善头部的血液循环状况,使筋脉舒缓,平舒肝火,强壮体力,益肾固腰;"熊戏"是模仿熊的攀援撼运,扛靠推拿,

借以锻炼腹部的运动，使脾胃功能增强，助消化，促睡眠；"猿戏"是模仿猿的脚尖纵跳，以锻炼下肢的运动，使头脑灵活，增强记忆、开阔心胸；"鸟戏"是模仿鸟的展翅飞翔，以锻炼上肢关节和胸部肌肉，帮助呼吸运动，使肺气通畅协调，呼吸正常。这些动作连贯起来，就可以内练精气神，外练筋骨皮。从而达到"动诸关节……除疾兼利蹄足"的目的。这些动作可以改善脊椎骨肩关节及其他关节的软组织血液循环，疏通经络，软坚散结，有助于保持骨骼、关节的正常结构，预防关节僵硬，减少骨质疏松和骨刺的形成。五禽戏的腰部运动贯穿始终，多做腰部运动能使脊柱保持灵活性，从而伸展身体，大大增进机体代谢功能，防止运动器官的退化衰老。"五禽戏"动作的路线是由各种直线、弧线、曲线为基础构成的，每个动作都包含伸展开合、虚实起落等矛盾相互转化的过程，而且在练习时必须做到转动自如，肢体舒展。这种忽高忽低、忽左忽右的运动过程，对血管与淋巴管能起到良好的机械按摩作用，使之保持应有的弹性。另外，练时还要求全身的肌肉放松，这样能反射性地引起血管扩张，使血压下降，减轻心脏的负担。经常练习"五禽戏"对于心脏病、高血压和动脉硬化等有一定的预防和治疗效果。练习"五禽戏"要求呼吸自然深长，增加肺肌和膈肌的活动幅度，对胃、肠等器官起着一种按摩作用，使胃、肠、肝、肾也随之发生运动，促进胃、肠、肝内脏器官的血液循环，提高胃、肠的张力、消化吸收的能力，改进了体内的物质代谢，增进食欲，减少便秘现象。五禽戏中转服、弯腰、转身的动作比较多，这对于加快胃肠蠕动，提高消化功能显然很有作用。另外，练习"五禽戏"时要求口唇轻闭，齿轻合，舌头轻抵上颚，这样有助于促进口腔唾液的分泌，防止口腔干燥，

也有助于消化，唾液中的溶菌酶还具有杀灭细菌的作用。而舌的运动尤其是伸露在口腔外的活动。可以刺激味觉感受器而发生向心性冲动。引起反射性分泌。这对于增加食欲。预防某些胃肠疾病。提高消化功能都是十分有益的。

五禽戏中还有一些眼部的动作，不论转动、眨眼，还是近看、远眺，这对于改善视觉功能都是很有好处的，视觉的远近交替，可以使眼内肌和眼外肌有张有弛，这有利于眼的辐辏作用，还可以增强眼肌的活动性和可变性，这对保护视力，预防近视也是有好处的。五禽戏中还有一些单足立以及一些平衡动作，这对于锻炼人的身体协调性是十分有益的。

从中医学的角度来讲，虎、鹿、熊、猿、鹤五种动物分别属于金、木、水、火、土五行，同时又对应于心、肝、脾、肺、肾五脏。人们模仿它们的姿态进行运动，正是间接地起到了锻炼脏腑的作用，所谓"超乎象外，得其寰中"就是这个意思。由于这五种动物的生活习性各不同，活动的方式也是各有特点，有的雄劲豪迈，有的轻捷灵敏，有的沉稳厚重，有的变幻无端，有的则独立高飞。模仿它们的各种姿态可以使全身的各个关节、肌肉都能得到锻炼，这就明确地指出了五禽戏的作用原理：通过肢体的运动以促进流通气血，祛病长生。相传华佗在河南许昌时，天天指导许多瘦弱的人在旷地上做这个体操，说："大家可以经常运动，常用这种方法做导引之术，有病治病，无病健身，身体有不舒服的时候，就练习某一禽之戏，到微微出汗的时候，就是最佳状态，练到出汗之后再擦些爽身之粉，身体就会感到很轻便，食欲也会好起来呢。"

五禽戏对场地、器材要求也很简单，同时不受年龄、性别、

体质等方面的限制，对参与人员素质的要求不高，受时间、季节的影响不大，受气候的限制也不是很大，开展运动非常容易。人们可以根据自己的需要和所具备的条件，选择合适的套路来进行锻炼，这都十分有利于五禽戏的普及和开展。正是因为五禽戏的简易可行、趣味愉悦，既能增强体质，提高防病、治病能力，又能愉悦身心，增进健康，在人体工程学和现代体育不断发展的今天，民族传统体育在人们生活中愈来愈成为不可缺少的部分。

"五禽戏"在我国是一项悠久的传统健身项目之一。随着社会经济的发展以及生活节奏的加快，许多人的人际关系日趋淡薄，"五禽戏"可成为一种增加人与人接触的形式。经常参加这种团体的锻炼，会使人的锻炼要求得到满足，丰富和发展人们的生活方式，有利于人们忘却工作、学习、生活带来的烦恼，消除精神压力和孤独感。"五禽戏"的价值取向就是积极、健康地完善人际关系，增加社会交往，与当今和谐社会发展的趋向相一致。华佗的五禽戏还能使演练者从模仿中得到审美快感。并将自己的身体投入到自然的意境中。用身体想象性地模仿动物的形神，以此获得心理自由的一种精神状态。

中国自古就有一句话，叫"药补不如食补，食补不如动补。"意思是说，活动是保持健康最有效的方法。经常通过肢体的运动活动，便可加快食物消化，使血流循环畅通无阻，疏通了脉络。华佗五禽戏就其保健强身、祛病延年的功效而论，历来都为广大群众的身体健康做出了贡献。发展到今天，它以丰富的内涵、多样的形式，不但可以强健人的体魄而且可以健全人的身心。虽然在其发展、演化过程中会经过种种变革，在扬弃或丰富，但它始终保留着传统的适合健身的主要特点，这也正是它的生命活力之

所在。是人们长期积累、总结下来的人体健身的实践经验的结晶。因此，传统性决定了五禽戏所具有的生命力，更决定了其实用性，这正是实施终身体育不可缺少的重要形式。随着社会的发展，人们生活水平的提高，五禽戏将日益普及，其中所包含的趣味性特点更具有吸引力，既要让人们懂得如何寻医问药，同时，更应掌握一些保健强身、祛病延年的强身健体的方法，使人们明白通过锻炼起到保健与体育防治结合的重要性。它既能锻炼身体，又有很高的心理调节功能，修身养性，提高自己的涵养和心理承受能力。

3. 五禽戏的和谐理念

恒久以来人类就有崇尚自然的传统，华佗的五禽戏是具有民族文化特色的健身项目。它的指导思想是中国传统的"天人合一"的哲学思想，"天人合一"的观念是道家哲学本体论的一种表现。认为人和自然在本质上是相通的，人与自然和谐才能获得生存与发展。这种天人合一的思想促使人们去探索自然，亲近自然，开发自然，最终实现天人之间的和谐与统一。人作为自然环境中的一分子，只有顺应大自然的发展规律，才能安于生息。同时，道教生命哲学主张以"气"养生，因为生命的核心内涵就是"气"，它涵盖了从自然到人类，从人的外在感性到内在的生命现象的各个方面。"气"观就是生命观，它是中国古典哲学对宇宙人生充满乐观情调的"天人合一"信仰的更为具体直观的体现。"五禽戏"正是利用"以形引气"来强化生命机体的质量，它的演练也必然会让世人悟化到生命存在的自由灵性的价值意义。

五禽戏运动中，从各种动作名称中都可感受出人与自然的亲密关系。对人与自然的和谐起到了促进的作用。如虎戏的猛虎撕

食、鹿戏的麋鹿欢跳、熊戏的怒熊拔树、猿戏的白猿献果、鸟戏的飞鹤展翅等，读起来朗朗上口，听起来引人入胜，思起来耐人寻味。把人与自然间的美好情韵注入于套路动作之中，闪烁着人与自然相互交织的美好图景。五种动物象征吉祥、健康和长寿。通过结合调吸、意念、呼吸等组成的完整套路练习同样可以表现出人与自然的亲密关系。比如把自然界中金、木、水、火、土五行相生相克的自然变化与中医理论中五脏六腑互助互辅的关系对人体的祛病养生作用释绎的清澈明透，有利于提高人的思想追求及人与自然的和谐统一。五禽戏具有重和谐的思维特点，这种思维特点表现在五禽戏形、神、意、气、中对动作的和谐、协调追求，即"心与意合，意与气合，气与力合；肩与胯合，肘与膝合，手与足合"。这实际上是要求由内在的心、意、气到外在的四肢、身体的各个部位都达到相互协调，使动作达到完美。进而提升为健康的体魄与完美人格的和谐。其内涵丰富，戏理精奥，是研究人的肢体运动与自然、社会环境的内在联系，强化意识对生命过程动态变化的控制，自觉地使生命处于一种高度的有序状态，求得身心健全，内外和谐，使人的潜能得到充分发挥的健身养生思想。

华佗也选择以模仿动物的特征作为治病导引的方法，正是与他所处的时代刚刚从"天人感应观"的神学禁锢中走出、天道自然观重新获得生机的历史契机有关。华佗以动物为模型创编五禽戏是受天道自然观的影响，天道自然观是汉魏之际的社会主流思潮，是冲出了"天人感应观"的神学禁锢后产生的科学的自然观。所谓天道自然就是指万物都有自己的本性，这个本性乃是它们各自的本然。而按照自然本性去行事就是合乎"天道"，即"法则自然"。按照天道自然观，运动导引的目的就是要恢复人的自然本性，即健康长寿，因为人在不断地偏离自己的自然本性。要想恢复它，就得法于道。"物类相致"，人所应有的自然本性，在与人相类的物那里也应该有。自然界中具备健康长寿之特性、与人的生命特征相类的，当然就是那些可以呼吸的动物了。因此，通过效仿那些动物的行为特征，自然就可以帮助人恢复自己的本性。据此推测，华佗以动物为模型创编的五禽戏，就是从动物的活动特征中获得了启示。是人与自然和谐发展的产物。

就医疗的基本原理来说，传统五禽戏正是根据《黄帝内经》所应用的"天地与人相应"观点和阴阳五行学说来演绎编排的。即以五禽按五行归类法，与天之五气和人之五脏相合，并据以预防和医治五脏六腑的疾患的。这里必须申明一下，祖国医学中的"天人相应"观点，是以临床实践经验作为检验真理的客观标准的，因此，有其唯物的和合理的成分。这与汉代董仲舒用于封建伦理的、唯心的"天人感应论"，不可全然混为一谈。虽然两者同源于先秦哲学，但却有唯物与唯心的区别。

中华民族的传统体育文化源远流长，博大精深，它的产生与发展都与中华民族的风俗习惯有着密切的关系，民族传统体育正以其独特纯朴的民族风格，展示了各民族的文化底蕴，体现了各族人民对美的追求，给人以美的享受。"五禽戏"作为一种民族传统体育产生于民族之中，又流行于民族之中，世代相传不断地延续，而且在延续中不断地更新、发展，影响范围也不断地扩大，已经逐渐成为全国各民族都喜闻乐见的体育活动形式。在国外，有许多友人也在学习和演练五禽戏。"五禽戏"是我国文化宝库中一颗璀璨的明珠，以其深厚的哲学底蕴、显著的健身养生效果、

巨大的心理健康价值引起了现代社会人们的高度重视。五大洲难以数计的人选择中国武术作为自己养生健身的手段。与现代流行的体育项目相比,"五禽戏"以其博大精深的理论和技术,在促进现代社会的人类健康等方面有其独到之处。我们深信,在当今快节奏、高效率、大发展的时代,"五禽戏"定会得到更加广泛关注和普及,我们满怀信心期望着,中国古老的"五禽戏"为今天和未来的世界做出新的贡献。

五、学术思想

华佗生于东汉末年，正是先秦哲学对医学影响较大的时期。"兼通数经"的华佗，对先秦哲学深有研究，华佗学术思想自然源于《内经》，《内经》的医学理论，在汉代已经形成了比较完整的医学体系，华佗与同时期医家在学术思想上的主要贡献，即是使医学理论和临床实践相结合的方向发展。然而，就其学术成就来看，华佗医术之所以能如此全面精深，远非单独出自《内经》，而是与他通晓精研《易经》是分不开的。中医学与中国哲学具有相同的社会土壤，经历了大致相同的曲折复杂的历史发展过程，因此在他的整个学术体系中充满了《易经》思想。"易医同源"，"医哲一体"就是反映了中医学与哲学的不可分离性。正是如此，才使华佗的医术具有很大的独特性和创见性。

1. 天人合一观

"究天人之际"是中国古代哲学与科学所共同关注的问题。在诸多的天人关系中，天人合一的整体观念最终占据了主导地位，成了中国传统文化的基质，并对中国传统科学文化各层面发生了深远的影响。浸润于传统文化母体的中医学，也无疑受到了天人

合一这一整体观念的洗礼，从而形成了具有浓厚文化色彩的医学整体观，比较系统地揭示了人与自然界之间统一的关系。"天地一体观"是《内经》的基本思想之一。如说"天地者，万物之上下也"、"天地之间，六合之内，其气九州、九窍、五脏、十二节，皆通于天地"。简而言之，是说《内经》认为：自然界中的一切变化现象，都是相互影响，相互关联，相互依存的，因此万事万物都不能孤立地存在于自然界中。《内经》的思想路线，坚持把人与自然视为一个整体，从天、地、人相互联系中考察人的生理、病理、病机及防治疾病的方法，并在理论和实践中不断丰富这一思想。《内经》在这一观点的指导下，进一步提出了"人与天地相应"的整体恒动观。如说："天覆地载，万物悉备，莫贵于人，人以天地之气生，四时之法成"。故"人与天地相应也"。即是说自然界中的一切变化，都可以直接或间接地影响人体的各种生理功能。但是另一方面，人体虽受自然界变化规律的影响，然机体亦能适应自然界四时变化的规律，完成自身的生命活动过程。

华佗由于受《内经》这一思想的影响，故在其遗著《中藏经》一书中，把散见于《内经》各篇章中有关"天人相应"的论述加以综合整理，第一次系统地对"天人相应"的观点进行了较为全面地阐述。并以《人法于天地论第一》为题，列为该书的首论。说明华佗对这一思想是高度重视的。他在论述中进一步阐发了《内经》的这一观点。如说："人者，上禀天，下委地，阳以铺之，阴以佐之……人之动止，本乎天地，知人者有验于天，知天者亦有验于人，天合于人，人法于天。"华佗认为，人生活于自然界之中，并非孤立地存在，他无时无刻不在同自然界接触。因为，

人是在自然界客观环境的直接影响下而生存的。这就明确指出，人与自然界的关系是非常密切的，是借助于天地间阴阳二气的铺佐而得以生存。又说："立于天地之间，而受阴阳之辅佐者人也"，已再次加以说明之。由于人与自然界息息相关，是一个不可分割的整体。所以，华佗指出："天地顺则人气泰，天地逆则人气否……观天地逆从，则知人衰盛。人有百病，病有百候，候有百变，皆天地逆从而生。"由此可见，人只有顺乎自然界四时规律的变化，才能健康地生存。一旦违背了这个规律或者自然界本身的规律失常，就可能导致疾病的发生。所以华佗认为："人之动止，本乎天地"，而且"天合于人"，"人法于天"。这是华佗对《内经》"天人相应"观点的进一步阐发。

同时，华佗还认为人与天地宇宙一样，是一个完整的小天地，天地之变与人体之变相类似。他说："天地有四时五行，寒暄动静……人体有四肢五脏，呼吸瘠痊……阳施于形，阴慎于精，天地之同也。"从以上华佗的这些认识中，无疑可以看出是他秉承了《易经》"天人合一"的三才思想。而这一思想则又是形成华佗学术体系和临证实践的理论轴心。也正是这个轴心，对其在医学上的深入探索起到了主导的作用。

华佗在医疗实践中主张把人体的生理、病理现象置于世界万物的总体联系之中加以考察和认识，为病因、治疗学和养生学奠定了基础，即防治疾病必须法天则地，顺应和运用天地之道，无论是望、闻、问、切，还是针灸、中药等治疗方法，都是这一观念的具体体现。华佗在临床中还十分注意引起疾病的内因和外因以及不内不外因，外因主要指外感致病因素即所谓"六淫"：风、寒、暑、湿、燥、火；内因主要指精神致病因素，即所谓过度的

"七情"：喜、怒、忧、思、悲、恐、惊；其他如饮食饥饱，叫呼伤气，尽神度量，虫兽致伤等，均为不内不外因。从天人合一的观点看，无论是内因、外因还是不内不外因，都可视为天人关系的失常。因此即便患者在治疗过程中症状相同，也要根据不同的引起疾病的原因，采取不同的防治手段。

华佗非常重视七情、饮食、起居等方面对人体健康的影响，《中藏经·劳伤论第十九》指出："劳者，劳于神气；伤者，伤于形体……喜怒悲愁过度则伤肺"，强调"宜节忧思以养气，慎喜怒以全真"（《中藏经·论气痹第三十四》）。要求人们"愉悦爽神，和缓安气"，保持心情舒畅，精神愉快，减少不良的精神刺激和过度的情志波动，保持人体的气机调畅，使气血和平，正气旺盛，以减少疾病的发生。脾胃为后天之本，气血生化之源。如果食物摄入不当，就会损伤脾胃导致多种疾病。《中藏经·劳伤论第十九》曰："饥饿过度则会伤脾"，《中藏经·论肉痹第三十六》云："肉痹者，饮食不节，膏粱肥美之所为也。……宜节饮食，以调其脏，常起居以安其脾。"充分说明了饮食不节的危害性。指出宜饮食有节，不可过饱或过饥，切忌偏嗜，并控制肥甘厚味的摄入。《中藏经·劳伤论第十九》曰："色欲过度则伤肾，起居过度则伤肝。"《中藏经·论五丁状候第四十》曰："五丁者，皆由喜怒忧思，冲寒冒热，恣饮醇酒，多嗜甘肥，毒鱼酱，色欲过度之所为也。"说明了疾病的发生与生活起居关系密切。若起居无节，酒色过度，可损伤人体正气，导致各种疾病。故华佗在《中藏经·劳伤论第十九》中指出："调神气，慎酒色，节起居，省思虑，荣滋味者，长大之大端也。"

2. 阴阳观

　　阴阳，是古代哲学的一对范畴，最初作为哲学概念的提出，是在《易经·系辞》上："一阴一阳谓之道"，把阴阳的存在及其相互间的运动变化规律视为自然界的基本运动规律。《内经》继承和发扬了先秦诸子和《周易》的阴阳学说，不仅把天地万物及人看做阴阳二气的生成物，而且认为："阴阳者，天地之道也，万物之纲纪，变化之父母，生杀之本始，神明之府也"。在中医学看来，人体就是一个充满阴阳对立的有机整体，人体的一切组织结构，既是有机联系的，又可以划分为阴阳对立的两部分，人身的阴阳，背为阳，腹为阴；人身之腑脏中阴阳，脏为阴，腑为阳；肝、心、脾、肺、肾五脏皆为阴，胆、胃、大肠、小肠、膀胱、三焦六腑皆为阳。阴阳学说在中医学中的重要价值，就是提出了人体健康的标准以及维系健康的方法和原则。人体的健康状态就是阴阳双方在运动中既不偏盛，也不偏衰，二者保持和谐融洽的关系和状态。但由于各种外因和内因的作用而导致阴阳失调，出现阴阳偏盛或偏衰就会发生疾病。

　　在"天人合一"思想的主导之下，华佗认为，只要自然界阴阳二气保持相对的平衡，人是不会发病的。所以，他说："阴阳平则天地合，而人气宁。"反之，自然环境中阴阳二气失去平衡，人体阴阳二气同时亦会失衡，造成上下否格，不能互济的局面从而使人发病。因为人体阴阳变化是与自然界同步的。这一道理，华佗已经明确指出："阴阳逆，则天地否而人气厥……阴气下而不上曰断格，阳气上而不下曰绝经。"形象生动地论证了由于阴阳不相交感所产生的一系列发病机理，并且进一步阐明"否格者，

谓阴阳不相从"的病理观点。华佗还认为疾病的轻重与阴阳盛衰的不同有着密切联系。所谓盛衰，实指阴阳之变化。由于阴阳盛衰是按一定时间而变化，如一年之中的春、夏、秋、冬之分，一日之中又有晨、午、昏、夜之别等等。这些不同时的阴阳之变，对疾病的影响亦不同。华佗根据这一客观事实提出了"阳病则旦静，阴病则夜宁……阳虚则暮乱，阴虚则朝争。朝暮交错，其气厥横"的见解。

对于机体因不能适应自然界气候变化而导致的病变，应如何治疗？华佗认为，仍应从"天人相应"这一基本观点中，积极地探求病源，采取适应自然界变化的措施，才能达到"形体有可救之病，天地有可去之灾"的目的。至于怎样才能使"形体有可救之病"，他认为，既然"人者，成于天地，败于阴阳，由五行从逆而生"那么"顺逆之法"亦应"从乎天地，本乎阴阳"。即是说从阴阳盛衰入手，使"阳阳济等，各有攀陵"，而达到"明阳相应，方乃和平"的目的。

阳尊阴卑，原是《周易》之基本观点。《周易》以乾阳为首，论乾曰，"大哉乾元，万物资始，乃统天"。论坤曰，"至哉坤元，万物滋生，乃顺承天。"《系辞》亦曰，"天尊地卑，乾坤定矣，卑高以陈，贵贱位也"。这就定下了阴阳贵贱的基调。对于这一观点，《内经》亦受其影响，在论述明阳时，阳贵阴贱的思想亦时有显现。贵阳贱阴是华佗学术思想的又一特点。华佗认为，无论是自然界或人体，阳位总是大于阴位的。这一思想的形成对于认识人体生理病理以及辨证论治起着指导性的重要作用。"阳始于子前，末于午后，阴始于午后，末于子前"之说，则是华佗的对阳位大于阴位的具体描述。在这一思想的基础上，华佗在人

体生理方面认为："阳者生之本，阴者死之基……得其阳者生，得其阴者死"，"顺阴者多消灭，顺阳者多长生"。在病理上，华佗则指出"阴之病，来亦缓而去亦缓；阳之病，来亦速而去亦速"，"阳候多语，阴证无声；多语者易济，无声者难荣"，"阴中之阴者，一生九死，阳中之阳者，九生一死。阴病难治，阳病易医"。所以，华佗强调要维护人之阳气，提出"阴常易损、阳常易盈"的治疗原则。从而反映了"有一份阳气，就有一份生机"的哲理。华佗这种贵阳贱阴思想，实质是对《易经》"天尊地卑"学说在医学上的一大发展，从而形成自己别具一格的学术特点，以致对后世影响很深。如：宋金时期的张元素，就是在继承发展华佗这一学术观点的基础上，主张治病要多用温补，少用寒凉，以免伤及阳气，并在其所著《医学启源》一书中，完整地引用了华佗有关这方面的论述内容。李东垣师承张元素，尤其重视脾胃阳气的升发功能，曾撰《脾胃论》等专著，强调脾胃阳气的重要性，"补中益气汤"则是其学术主张的代表方。还有以温肾著称的王好古以及其他有关医学名家，无一不是前后相承这一学术观点的，只是各有侧重而已。

总观华佗对疾病的产生、变化机理的认识，充分体现了《易经》阴阳交感思想。从而极大地丰富了阴阳五行、脏腑气血辨证的内容，为祖国医学理论体系的深入发展，做出了不可磨灭的贡献。

3. 五行观

"五行"是中国传统哲学中最古老的范畴之一，《尚书·洪范》是先秦论述五行的重要著作，它写道："一曰水，二曰火，三曰

木，四曰金，五曰土。水曰润下，火曰炎上，木曰曲直，金曰从革，土爱稼穑。"这里的五行，已经不是几种特殊的物质，而是发生了本质的变化，把功能属性抽象出来，成为事物内部的一种组合。其他事物内部，也可以按照这种组合，分成五个方面。通过取象比类的方法从整体上考察事物之间及其内在要素之间的联系。中医学从一开始，就受到五行学说的影响，《内经》明确地把五行规律视为宇宙运动的普遍规律。《灵枢·阴阳二十五人》说："天地之间，六合之内，不离于五，人亦应之，非徒一阴阳而已也。"在长期的医疗实践中，古代医家已经积累了大量有关人体的解剖、生理和病理方面的知识，但由于受到当时历史条件和认识水平的限制，中医学对人体许多方面的认识是零碎的、粗糙的和不系统的，因此，当时流行的阴阳五行学说自然就成了解释人体各种生理病理现象，构建人体框架的有效工具。

在中医学理论中，生理方面以五脏配五行，五脏又联系自己所属的五体、五官、五志等，从而使各部分机体成为一个有机的整体。又根据五行相生相克的规律来说明人体保持平衡的重要性。为中医提供了诊断和治疗的方法理论。如"虚则补其母，实则泻其子"的治疗原则；"滋水涵木法"、"培土生金法"、"益火补土法"、"金水相生法"、"抑木扶土法"、"泻南补北法"等都是根据五行之间的生克关系，而制定的行之有效的治疗方法。

五行学说应用于医学时，除借以说明五脏之间相互关系外，还阐述了五脏与五时五气及饮食无味等关系。人体的腑脏组织在不同因素的影响下，功能失调，即为疾病。疾病演变，可以一脏受病，也可多脏受病，或各脏之病互相传变。都可以用五行相生相克的理论来解释。

华佗在《中藏经》中认为，虽然"人法天地"，但人体的"五脏五行，相成相生，昼夜流转，无有始终，"也是一个有机的整体。所以当机体一旦发生病变之时，也应该从整体观出发，本着"寒用热取，热以寒攻"，"虚则补之，实则泻之"的基本原则，从本求治，方能达到治疗目的。华佗在《中藏经·生成论第三》一篇中详尽明了地强调说："五行者，阴阳之终始"、"非五行不能为阴阳"。基于这一认识，华佗第一次把阴阳学说与五行学说结合起来阐述天人关系和人体脏腑的生理功能、病理变化。如说："故人者，成于天地，败于阴阳，由五行从逆而生焉"、"天地有阴阳五行，人有血脉五脏。五行者，金木水火土。五脏者，肺肝心肾脾也。金生水，水生木，木生火，火生土，土生金，生成之道，循环无穷。肺生肾宵，肾生肝，肝生心，心生脾，脾生肺，上下荣养，无有休息"。人们要想健康长寿，必须掌握"天地阴阳，五行之道"的规律性，才能疾病不生，健康长寿。

4. "治未病"思想

"治未病"首见于《内经》。《素问·四气调神大论》曰："从阴阳则生，逆之则死，从之则治，逆之则乱，反顺为逆，是谓内格……是故圣人不治已病治未病，不治已乱治未乱。"《素问·刺热篇》云："肝热病者左颊先赤……病虽未发，见赤色者刺之，名曰治未病。"其含义主要是指未病先防的预防保健思想。《内经》在总结前人养生防病经验的同时，注意吸收古代哲学中未雨绸缪、防微杜渐的先进思想，初步奠定了"治未病"学说的理论基础。后世医家在此基础上进一步发挥，提出了既病防变的"治未病"思想，如张仲景《金匮要略》："夫治未病者，见肝之病，

知肝传脾，当先实脾。"又如叶天士"先安未受邪之地，恐其陷入易耳。"将"治未病"思想提到了一个新的高度。

华佗在"宇宙永恒运动"辩证法思想的启迪下，通过对自然界的观察，意识到生命的根本在于不断地运动，认识到自然界阴阳二气随一定时间规律变化而循环不息，人体阴阳变化亦然。他说："阴阳盛衰，各在其时，更始更末，无有休息……阴阳运动，得时而行"，并说"人能从之，是曰大智"，否则"举止失宜，自致其罹……消亡正神，缚绊其身，生死告陈"。指出违背阴阳四时变化规律而行，将会带来不堪设想的灾难，甚至殃及生命。这里华佗还引用《金匮》"秋首养阳，春首养阴，阳无外闭，阴无外侵……水火通济，上下相寻，人能循此，永不湮沈"之说，以进一步强调顺应自然界阴阳变化规律的重要性。这一观点，不难看出是华佗对《易经》"天人合一"思想在另一角度（即养生）上的再次发展。由此指出人们一定要注意遵循天地阴阳变化规律而养护自身，也只有这样，才能达到坎（水）离（火）互济，阴阳相应，方乃和平。而阴阳平和，天人相应，就要顺应自然。《中藏经·生成论第三》曰："天地有阴阳五行，人有血脉五脏……从之则吉，逆之则凶……人得者可以出阴阳之数，夺天地之机，悦五行之要，无始无终，神仙不死矣。"天地顺则人气泰，天地逆则人气否"，泰则安，否则病。"天地者，人之父母也；阴阳者，人之根本也，未有不从天地阴阳者也，从者生，逆者死。"认为自然界四时气候变化必然影响人体，使之发生相应的生理和病理反映。说明人体疾病的发生，是与自然界息息相关的。只有掌握其规律，适应其变化，才能不生病殃，健康长寿。华佗的"治未病"思想，是建立在《内经》的理论基础之上的。充分体现了未病先

防的预防为主的思想。其所创的"五禽戏"开创了运动养生之法，一直在民间流传，直至今日仍在不断的发展变化，对现代运动医学和康复医学的形成及发展起到了重大的促进作用。

我国先秦时代的哲人荀况曾明确提出"养备而动时，则天不能使之病。养略而动罕，则天不能使之全"的运动保健思想。这一思想对华佗影响颇大。华氏在长期的医疗实践中，深感运动对人之健康和疾病康复的重要性。华佗继承了《内经》"不治已病治未病"的学术思想，要人们参加适当的运动，以增强体质，减少疾病，未病先防。主张人只要多运动，才能"……使谷气得销，血脉流通，疾不得生"，并在这个基点上，依据自然界"流水不腐，户枢不蠹"的客观现象，结合五行运动的内在联系，运用某些鸟兽动作的原则，从临床实践出发，创建了强身防病的"五禽戏"。这是将体育运动与医学相结合的创举，也是人类医学史上前所未有的千古第一人，为后世应用气功、导引、武术、体操等运动防治疾病而树立了典范。华佗对《内经》中"防重于治"、"无病先防"、"既病防变"等预防为主的思想尤为重视。他在创编五禽戏，开展运动医学的同时，还提倡养生导引，传授漆叶青黏散等。其目的均在增强人之体质，用以预防疾病。即便当机体患病时，他又主张"防治结合"。指出，"体有不快，起作一禽之戏，怡而汗出，因以着粉，身体轻便而欲食。"同时根据病情，或给药内服，或施针施灸，或手术治疗等。但是，不论采取何法治疗，均应结合养生导引及体育疗法，尽快促其康复。并且还告诫人们平时应注意"调神气，慎酒色，节起居，省思虑，薄滋味，方是长生之大端也。"

据《三国志·华佗传》记载，华佗曾对其弟子吴普说："人体

欲得劳动，但不当使极尔。动摇则谷气得消，血脉流通，病不得生，譬如户枢不朽是也。"认为运动有强健脾胃的功能，可促进饮食的消化输布，气血生化之源充足，气血流通，使身体健康而长寿。华佗根据古代导引术，模仿虎、鹿、熊、猿、鸟五种禽兽的不同的形象和特有的动作特色，创立了一套适宜于防病、却病和保健的医疗体操——"五禽戏"。"五禽戏"简便易行，开创了运动健身之法，使导引之术有了规范，动作更符合科学性，而且对后世保健起了积极的促进作用。他的弟子吴普施行五禽戏法，至"九十余，耳目聪明，齿牙完坚"。另一弟子樊阿，照此办理。边锻炼边服药补养，也达到"寿百余岁"。"五禽戏"之所以有如此之妙用，正应现代所言"生命在运动"。经常练五禽戏的人，都会感到精神爽快，食欲增进，手脚灵活，步履矫健，说明五禽戏确能增强体质，延年益寿。华佗的"治未病"思想，是建立在《内经》的理论基础之上的。充分体现了未病先防的预防为主的思想。

华佗临床运用强调应根据病因、病种、病证之不同，分别采取适当的治疗手段，方能取得应有的效果。在此华佗强调，不论采取何种治疗手段，关键在于"要合其宜"。但对于病情复杂的疑难杂证，华佗主张针药并施，内外合治，甚至可采取综合性治疗手段。如说："决之以药，济之以针，化之以道，佐之以事，故形体有可救之病，天地有可去之灾。"总之华佗反复强调："大凡治疗，要合其宜。"如"脉不紧数，则勿发其汗；脉不疾数，不可以下；心胸不闭，尺脉微弱，不可以吐；关节不急，荣卫不变，不可以针，阴气不盛，阳气不衰，勿灸；内无客邪，勿导引，外无淫气，勿按摩；皮肤不痹，勿蒸熨；肌肉不寒，勿暖洗，神不凝迷，勿愉悦；气不奔急，勿和缓。"并说："顺此者昌，逆此者亡"

综上所述，可以看出华佗学术思想实为《内》《易》二经的有机结合。而这个结合又是以《易经》"天人合一"宇宙观为其核心。在这一核心思想的主导下，充分运用象数思维方法，使之在医学领域中开创了诸如以八卦模式"观眼识病"，用五行生克"以怒胜郁"，以及行施剖腹、开颅、刮骨、疗毒、麻醉、导尿等术，这种种惊世之举，达到了前世未有而后人亦未达到的境地。像华佗这样对人类医学事业做出全方位贡献的依然是千古唯一，令后人无不叹服（这些并非虚构，均有史料可查）。而在民间，华佗亦同样受到广泛的信赖和崇敬，至今民间还有许多关于华佗诊病疗疾的美誉佳谈流传于世。

六、华佗的医德

　　重视医德是中国医学的优良传统，在儒家思想"仁"与"礼"的影响之下，"推己及人"、"将心比心"的方法和原则，大量的渗透于中医学的伦理道德之中。具有深厚的人文传统和人文精神。中国传统医学与中国古代思想文化有着密切的关系。华佗一生，以仁爱爱人，济世救人为道德信念。为了更好地治病，华佗摒弃了那种"各承家技，始终顺旧"的医技守旧思想，不断提高医术，进行发明创造，使自己成为富于创新精神的医药学家。华佗之所以能对祖国医药科学做出重大贡献，还和他一生的勤奋分不开的。他勤于钻研，青年时代，曾经到徐州游学，喜欢博览群书，通晓经史，对医学和养生学的钻研尤为深刻，富有刻苦精神，学问渊博。游学期间，他拜名医为师，虚心请教，又钻研了秦汉以来的医学大师扁鹊、张仲景留下来的宝贵医学遗产，在理论上奠定了坚实的基础。又在多年临床实践中，广泛地搜集药方，多方面多角度地接触病例，善于总结群众的经验，丰富了实践知识；他勤于实践，在东汉末年、三国初期的动乱年代，立志做一个民间医生，决心用医术为病人解除痛苦。他鄙视功名利禄，太尉黄琬劝他出来做官，沛相陈珪要以孝廉名义荐举他于朝廷，都被他先后

婉言谢绝了。他身穿布衣，手捏金箍铃，到处为群众治病，足迹遍布于江苏、河南、山东、安徽等地。他勤于总结，把自己一生丰富的临床经验，写成了不少著作，有资料可查的，有：《华佗内事》五卷、《观形察色与三部脉经》一卷、《老子五禽六气诀》一卷，等等。可惜这些著作，因时代动荡变迁都已经失传了。无疑的，这是我国医学宝库的重大损失。华佗以他高超的医术和高尚的医德为后人所景仰，并在中国医学史上留下了光辉的一页。

1. 不求功名治病"活人"

华佗生活的时代，正是东汉末年三国初期。那时，军阀混乱，水旱成灾，疫病流行，人民处于水深火热之中。目睹这种情况，华佗非常痛恨作恶多端的各路豪强，十分同情受压迫、受剥削的劳动人民。华佗本是文人出身，一身书生意气，性格爽朗刚强，不图名利，对那些耽于功名利禄之人疾之如仇。把毕生的精力奉献给医疗事业。不求名利，不慕富贵，使华佗得以集中精力于医药的研究上。《后汉书·华佗传》说他"兼通数经，晓养性之术"，尤其"精于方药"。当时人们就已经称他为"神医"。他曾把自己丰富的医疗经验整理成一部医学著作，取名叫《青囊经》，可惜没能流传下来。

《华氏中藏经序》讲述过这样一段故事：讲的是华佗在年轻的时候，一次上山采药，走到一个山洞边上的时候，无意中听到山洞里有人谈话，似乎说到自己的名字，就凑近些偷听里面谈话。就听其中一人说道："华佗此时若在，这些医术就可以都传授给他了。"另一个人却说道："人的本性都是贪婪的，不会怜悯生灵，怎能把这些都托付给他呢？"听到这里，华佗赶紧走进去，拜倒恳求二人传授医技。为首的人对华佗说："不是我舍不得，就

是怕他日成为你的负担啊，如果你日后看病，不分高低贵贱贫富，不为求钱财，不怕劳苦，怜悯老弱病残并真心的替他们担忧，才能摆脱日后的祸患。"华佗对天发誓说一定做得到这些，才得到这些医书，成为拯救苍生的一代名医。陈寿与范晔的《华佗传》均称华佗"晓养性之术"；邓处中《华氏中藏经序》也称他"性好恬淡"；从"沛相举孝廉，太尉黄琬辟皆不就"来看，足见他的淡泊名利，但是在性情中无视权贵、桀骜不驯、气高不随时趋承俯仰的另一面却成了"为人性恶"的"证据"。当时战争频繁，民不聊生，而"居世之士，曾不留神医药，精究方术……但竞逐荣势，企踵权豪，孜孜汲汲，唯名利是务。"在当时的社会环境中，世俗之人都孜孜不倦的追求荣华富贵，极尽可能地争取名利，根本无人留心于医药治病救人的。华佗一反世俗的常态，不求功名、奋然习医，以救病活人为己任，走街串巷的为民除疾，足迹遍于中原大地和江淮平原。若说华佗"性恶"，只是针对置人民于水火的王侯，华佗对黎民百姓的满腔热忱怎能视而不见！观华佗行医之一生，不求功名，只为治病救人，潜心著述，培养传人，又岂能以"清高"、"孤傲"、"恃才矜己"视之！

　　传说离徐州南二十来里路有个地方叫做潘唐，那里盛产金针菜。以其条子肥壮，色泽金黄，香味浓郁等特点，享誉大江南北。在国际市场上，被称为"丁庄大菜"，也极受欢迎。丁庄大菜不仅味道鲜美，还能治疗疾病，比如对大便出血，小便不通，吐血，肺结核之类，都有辅助治疗的作用。经常食用，还可以健身。人说"潘唐金针菜，山南海北没有盖"。为什么会天下第一呢？追溯起金针菜的来历，其中还有一段可歌可泣的故事。金针菜有这样的名气，传说与神医华佗有关呢。三国时期，曹操的同乡华佗，

华佗

由于出身贫寒，深知民间疾苦，毅然放弃他喜欢的经学研究，还多次谢绝了做官的请求，选择了从医的道路，决心济世救民。华佗天资过人，智慧超群，四方求学，八面寻师，如饥似渴地研读一切医书，熟悉各种病理。由于他肯动脑筋，富于创造精神，创立了许多新疗法，如剖腹开胸、刮骨疗毒，特别是针灸和中草药。最神奇的是他那六根大小不一的金针，小病只要扎上一针就好，重病人扎上三针，最危险的扎上六根，即可以起死回生。有一年夏天，华佗听说徐州一带正瘟疫流行，死人甚众。心如火燎，连夜赶到徐州。华佗行医到此，内心焦急，日夜为人治病。既施药，又针灸，三日之内，从南到北，挽救了很多人的性命。当华佗进入泗阳县三庄境内时，一天中午，徐州州官带着魏王曹操的请帖，备下厚礼，来找华佗，要华佗到曹操的军营为曹操治病。说曹操头痛复发，命华佗速速赶回。华佗皱着眉头，指着痛苦呻吟着的无数病人，对州官说："魏王患的是慢性头痛病，耽延几天也没关系。可是这一带的百姓，患的是急性瘟疫啊。如不及时治疗，就要葬送性命的。还请大人回去禀告魏王，等这里瘟疫有了节制，我马上赶往许昌为魏王治病，绝不失言。"这时，又有许多扶老携幼的病人蜂拥而来，一边将华佗团团围住，一边向州官苦苦哀求。州官见此惨状，也是连连的摇头叹气，将这面的情况赶紧回去报告了魏王曹操。随着瘟疫不断流行，华佗也跟着病人南移。这天到了潘唐一带，见很多瘟疫病人咳吐出血，昼夜不眠，哼声不止。华佗看在眼里，痛在心上，整日赶到这家扎针，又赶到那家配药，很多天没有好好休息。华佗又担心曹兵以刀相逼，睡的也不安稳，更加卖力的治疗百姓了。一天夜里，华佗辗转反侧，不能安眠，天快亮时，迷迷糊糊刚刚睡去，忽见一仙人，手持一把金针，吩

咐华佗如此如此，然后将金针向他怀里一扔。华佗觉得胸口疼痛，猛然醒来，果然在贴胸处摸到一把金针。一天三更半夜，华佗正在给一位重危的病人扎针，突然闯进几个如狼似虎的公差，把华佗拖到门外，恶狠狠说："你就是华佗吧？你真是不识抬举，快跟我们去见魏王，不要敬酒不吃吃罚酒！"说罢就强行的要带走华佗。吵闹声惊动了四邻，一传十，十传百，潘唐前后三庄的老百姓都呼天喊地围了上来，哀求领头的将官延缓几日。只听华佗大声说道："各位乡亲们！不要难过！我人走了，可这六根金针是留给你们的！你们的灾难马上就会过去的！"于是华佗纵身一跃，双手向上一扬，同时飞出六道金光。三道金光落在潘唐村东边，又有三道金光落在潘唐村西边，就好像天空中的流星，又像雨后的长虹。华佗被抓走后的次日清晨，潘唐村百姓就发现金光落地之处，长出了三棵碧绿的长叶草，每棵草心中竖着三根油亮亮的圆杆子，每根圆杆上，又都长着三朵含苞待放的金黄色花朵。这些花朵约有五寸来长，小指粗细，金光灿灿，异香扑鼻，很像一簇一簇随风摆动的大金针。有几位老人走来端详着这几棵奇怪的草说："快来看，这可能是神医华佗撒出的金针所变啊，我们不妨采这些神草给病着的乡亲们煮点水喝，兴许能治病呢。"人们愣了片刻，突然其中一人叫道："这是金针菜啊！"于是采其花蕾，煮水喝下去，说来也怪，病人喝了金针草汤，立刻见效。咯血人止血，呕吐人止吐，发烧人退热。慢慢就止住了瘟疫。第三天早上，一桩怪事又出现在村东西两边：一夜之间，金针菜由一株变三株，三株成九株。不几日，村东村西都长出了一片片黄灿灿的金针菜。潘唐百姓靠金针菜赶走瘟疫，人人都十分的怀念华佗。不久，华佗在许昌城狱中惨遭杀害的消息传到徐州，真是云龙山

长叹,泰山低首哀嘶,愁云遮天,哭声震地。后来徐州的百姓在徐州建立了一座雄伟的华祖庙,纪念名垂千史的神医华佗。

一天有位客人来拜访华佗。华佗叫他的徒弟吴普出门迎客。吴普走到门外,向客人道:"师父说,请您自己进来。"客人听了,心中感到奇怪,心想华佗一向热情好客,往日咱来,他都会迎到门外,今天叫自己进来,不知是何缘故?客人走进室内,又不见主人,便问道:"主人何在?""请进,"华佗在内室回答道。客人推开内室的门,只见华佗光着上身,躺在床铺上,身上扎了许许多多大大小小的银针,自己正在用手搓来捻去的,客人一惊,往后退了几步说:"你,你这是在做什么?""哈哈哈,"华佗见状大笑了起来,说:"进来坐,进来坐,我这儿马上就好了。"说罢,华佗把身上的银针一枚枚的拔出来。客人走近他,狐疑地问道:"你这是干什么呀?""扎针啊!"华佗若无其事的回答。"你害了什么病吗?""啊,啊,这是给病人治病。"客人听了,更加不解,又问道:"可是针不是扎在你自己的身上吗?""自己扎不好,咋能乱扎别人呢?我这不是先在自己身上试试嘛。"客人一听,感慨地说道:"扎自己的肉,那得多疼啊!""哪能不疼啊,只是想要治好别人的病,使别人减轻痛苦,就得先找准穴位,找到"针感"啊。医家对病人应该有割股之心,痛人先痛己嘛!"客人听了,频频点头,赞叹不已。

华佗为人正直,十分痛恨那些贪官污吏,曾经有个县官,贪得无厌,百姓们怨声载道。有一天,碰巧县官的太太生病了,病的很重,许多医生都治不好。后来有人推荐华佗,县官就派人把华佗接过来。华佗一看,这病可治,但十分痛恨这贪官不为民办事,只顾着自己发财。心想,这回得治治他。于是,华佗向县官

说道"只要做官不贪财，为民谋利，太太的病就能治好。""行，行。"县官只得忍气吞声，满口答应说，"我保证今后不再贪财了，请您就赶快把太太的病治好吧。"用不了几日，华佗便把县官太太的病治好了。偷嘴的猫贼性不改，赃官哪能不贪财呢？没过多久，等县官太太的病刚好，就又开始搜刮百姓了。滚油锅里的钱都能抓上手。可是谁知又过了不久，太太的病再次发作了，并且要比以前严重得多，躺在床上奄奄一息的。县官急得没有办法，就只好又把华佗请过来。华佗推说不看，县官再三请求说："只要治好太太的病，下官愿意施财济贫！""那好，那你现在就先打开仓库放粮食，普济贫民，然后我就动手开始治病。"华佗对县官说。县官实在没有办法，只好叫手下人打开仓库放粮食。等到官粮发放完毕之后，县官太太的病也就治好了。可是县官太太的病为何会治好后又会复发呢？原来是华佗看透了那个赃官孽根未除，本性不改。所以就把县官太太的病根也留着未除。这样，华佗"巧治贪官"的事儿就一传十，十传百，百传千，马上就传开了。一直流传到今天。

2. 勤奋好学敢于创新

华佗的高明之处，就是能批判地继承前人的学术成果，在总结前人经验的基础之上，自己创立新的学说，开创新的领域。中国的医学到了春秋时代就已经有了辉煌的成就，而扁鹊对于生理病理的阐发可谓是集其大成。华佗的学问有可能从扁鹊的学说发展而来。同时，华佗对同时代的张仲景学说也有深入的研究。他读到张仲景著的《伤寒论》第十卷的时候，曾高兴地说："此真活人书也"，可见张仲景学说对华佗的影响也很大。华佗循着前人

华　佗

开辟的途径，脚踏实地开创了新的天地。例如当时他就发现了体外挤压心脏法和口对口人工呼吸法。这类的例子很多。最突出的，就要数外科麻醉术——酒服麻沸散的发明和体育健身疗法"五禽之戏"的创造了。

为了更好地治病，华佗摒弃了那种"各承家技，始终顺旧"的医技守旧思想，不断提高医术，进行发明创造，使自己成为极富于创新精神的医药学家。首先是发明了麻醉剂——"麻沸散"。将该药给患者和着酒冲服下去，等到全身麻木、失去知觉之后，再对患者施行外科手术。据《后汉书·方术列传》记述："若疾发结于内，针药所不能及者，乃令先以酒服麻沸散，既醉无所觉，因刳破腹背，抽割积聚。若在肠胃，则断截湔洗，除去疾秽，既而缝合，在切口处傅（按：傅通敷，涂抹）以神膏，四五日创愈，一月之间皆平复。"这期间，伤口"不痛，人亦不自寤"在不知不觉间就好了。例如，"有人病腹中半切痛，十余日中，鬓眉堕落"。华佗诊断："是脾半腐，可刳腹养治也。"于是，让他酒服麻沸散后，躺卧于床，破其腹观察，脾果然腐坏了一半，华佗操刀将其切除，"刮去恶肉，以膏傅疮，饮之以药，百日平复"。这表明，华佗的诊断术、麻醉术、解剖术、止血术、消毒术都已经达到了相当高的水平。切除脾脏在今天也不是简单的小手术，而华佗早在一千八百年前就已经成功地实施了。其次是在总结自己针灸经验的基础上，发现了"夹脊穴"，也称为"华佗夹脊穴"。就是根据治病的需要，在夹脊两侧选定若干穴位针灸，诸穴位"上下行端直均调，如引绳也"。"华佗夹脊穴"直至今天还在为临床所应用。再次是倡导医疗体育与发明保健药物。华佗在认真救治患者的同时，也注意积极的预防，不仅提倡运动强身，还发

明了保健药物。他创立了成套的医疗体操"五禽之戏"。他教导其弟子吴普说:"人体欲得劳动,但不当使极尔。动摇则谷气得消,血脉流通,病不得生,譬犹户枢不朽是也。是以古之仙者(按:仙泛指长寿的人)为导引之事(按:使四肢关节运动、血气流通以预防疾病的健身方法),熊颈、鸱顾,引挽腰体,动诸关节,以求难老。吾有一术,名五禽(禽:鸟兽的总称)之戏:一曰虎,二曰鹿,三曰熊,四曰(同猿),五曰鸟,亦以除疾,并利蹄足,以当导利。体中不快,起作一禽之戏,沾濡汗出,因上着粉,身体轻便,腹中欲食。"模仿动物的动作活动头颈腰部以强身健体的医疗古已有之,华佗总结、吸取了前人的经验,并使之丰富、升华,创造了将呼吸运动与躯体运动结合起来的"五禽之戏"。在感到身体不舒服时,做一套禽戏体操,使身体出些汗,就会感到轻松爽快,食欲增加。吴普施行老师传授的这套保健方法,"年九十余,耳目聪明,齿牙完坚"。华佗的另一个弟子樊阿向他"求可服食益于人者,佗授以漆叶青黏散:漆叶屑一升,青黏屑(按:青黏一名地节,一名黄精)十四两,以是为率,言久服去三虫,利五脏,轻体,使人头不白"。樊阿服用这种保健药后,"寿百余岁"。

华佗对民间的治疗经验十分重视,常常吸取后加以提炼,用来治疗一些常见病。当时黄疸病流传比较广泛,他花了三年时间对茵陈蒿的药效作了反复试验,决定用春三月的茵陈蒿嫩叶施治,救治了许多病人。民间因此而流传一首歌谣:"三月茵陈四月蒿,传于后世切记牢,三月茵陈能治病,五月六月当柴烧"。华佗还以温汤热敷,治疗蝎子蜇痛,用青苔炼膏,治疗马蜂蛰后的肿痛;用蒜齑大酢治虫病;用紫苏治食鱼蟹中毒;用白前治咳嗽;用黄精补虚劳。如此等等,既简便易行,又收效神速。

华佗

华佗在年轻时曾有过出家的经历，华佗出家，自有不可告人的秘密，秋初的一天下午，太阳已掠过西山山尖，将火红的晚霞洒向大地。被世人奉为神医的华佗，肩挎药箱匆匆踏着落日的余晖从外地赶回家。进屋刚刚坐定，妻子告诉他说："东村陈二得了急病，来找你几次你都不在，快去救他吧。"华佗背起药箱起身就走，来到陈二家，只见陈二病倒在床上奄奄一息，华佗给他切脉观察之后摇摇头说："准备后事吧。"说罢夺门而去，陈家人一听，顿时慌了手脚，连华佗也没有办法，还能有谁超过华佗的医术呢。正无计可施之时，终南山青鹤道人下山化缘，来到陈二家，闻知此事，急忙来陈二家探望，来不及多说，为他切脉细查病情，经诊断为黄疸病，当即给他开药，药进肚不到半个时辰，陈二竟从死亡线上返回阳间。第二天，华佗听人说陈二的病被青鹤道人治好了，他怎么也不敢相信，待亲自见过陈二后，才惊讶得半晌无语。离开陈二家，华佗心中颓丧极了，我这个神医，徒有虚名，医道远远不如青鹤道人，我得立即去向他求教。可是又想，青鹤道人既然身怀绝技，他岂肯轻易教与他人，何况我是一个高山打鼓，名声在外的名医，他更不会轻易赐教，越想越急，越急越烦，食不甘味，寝不安眠，整天唉声叹气。聪明的妻子见他心事重重，安慰他说："这等小事，相公何必烦恼，出家拜师，不就得了。"华佗还是不解其意，妻子说："你说我父亲的手艺是如何得来的？"华佗说："是给人做苦工偷得的。"妻子一笑，一脚踢醒梦中人，华佗恍然大悟。

原来华佗的岳父是个铁匠，什么器具都会打造，就是不会铸剑。离他家百里地有个老铁匠，铸剑如神，他的岳父为学此招，隐瞒身世，装作苦力，为老铁匠当下手，抡大锤，终于打动了老

铁匠，学得了真艺。华佗对妻子说："我这一去，家中留下你一人，这可苦了你。"妻子说："只要相公能学到真功，家中的事你就别操心了。"华佗摘掉悬挂在高堂的"妙手回春"、"药到病除"、"当今神医"三块金匾，告别妻子，一路翻山越岭地上了终南山。改名换姓为"人它"，跪拜在青鹤道人面前，恳乞收他为徒。青鹤道人将他扶起，只问一句："你年长体瘦，能胜任道观中的繁重杂役劳动吗？"华佗问："请师父明示，不知有哪些活儿？说给徒儿听听。"青鹤道人说："比如伐木、挑水、打扫、砍柴等。"青鹤道人稍作停顿又说："还要练武练气功，你受得了吗？"华佗点点头。从那时起，华佗忍受劳累之苦，除了干活就是练功，一天到晚忙得汗流浃背，但他毫无怨言。一天青鹤道人突然问他："你是行医之人，可否有医道？"华佗心中不由一惊："师父怎么认出我是医人，是不是旁敲侧击我？"他很快又恢复了平静："徒儿出身于农家，是不学无术之徒，望师父多加教诲。"青鹤道人没再问什么。华佗倒抽了一口冷气，为了学到青鹤道人的绝招，华佗处处留心观察，可是青鹤道人总是只教武功气功，不教药方，一天华佗在打扫灰尘时，无意中拾到一根长相奇异的小草，反复细瞧，又放在嘴中品味，似是黄蒿，难道师父用的也是这种草，他又继续俯身扫地，掩盖自己的窃技之意。这时一阵芳香扑鼻而来，华佗抬头一看，发现西厢房中火光一闪一熄，甚觉奇怪，断定是师父炼丹之处，华佗假装扫地，慢慢向那里靠近，可是丹炉深不可测，无法解其奥秘。尔后他又多次窃艺，结果全是枉费心机，学艺急切的华佗并没有灰心，继续寻找良机，道童上山采药，他也常常秘密跟踪。只因他们防范甚严，总是无法得手，眼看时过三年，还是一无所获！华佗心急如焚。一天傍晚时

分，一个重危的黄疸病人上山来向青鹤道人求治，华佗见时机成熟，以给师父送茶为由，向师父靠近，在进门时，不料脚被一小草所绊，他蹲身一看，原来是一根黄蒿，他不由心中一亮："难道师父治黄疸就是用黄蒿。"他不敢去问师父，趑回身子，回到自己房中，手抚黄蒿，苦思冥想，这种药，他早就用过，却不见奇效，为什么青鹤道人用它能治病如神呢，这里面一定还有很深的学问。第二天清晨，华佗打扫时，又在地上发现了几根黄蒿，华佗断定黄蒿准是青鹤道人治黄疸病的特药了，为了弄个明白，他偷偷地拿了师父一颗药丸，用水煎熬，品尝药中黄蒿的成分，果然得知黄蒿是主药无疑，但又不知如何配成药丸。

又是一年的春天，青鹤道人说要到华山、黄山去会道友，可能要过一段时间才能回观，观中之事临时指定由华佗负责。世上的事情偏是那么奇巧，青鹤道人去了一个多月，都是平安无事，就在他将要回观的节骨眼上，观中出了大事，一道童突然肚子剧痛，痛得倒地打着滚叫天喊地的，华佗为他切脉认定为急性阑尾炎，需要马上开刀，否则性命难保。面对此事，华佗焦急不安，开刀吧，现了原形，前功尽弃，白当几年的学徒；不开刀吧，于心不忍，见死不救，算个什么医生？好在师父不在身边，事不宜迟，华佗速取出自制的药粉用水拌匀，让道童服下，为他作了阑尾切除手术。就在手术刚完，正给道童缝合伤口时，青鹤道人回了道观，失声叫道："此乃华佗的麻沸散。"华佗猛一抬眼，发现师父已经站在自己面前，他也不敢再隐瞒下去了，叭地双膝跪在他的面前，哀求道："师父在上，我是华佗，请您恕罪。"青鹤道人将他扶起说："我早就认出你非一般人也。"于是将华佗请进他的房中，问明真情。青鹤道人笑道："其实你我都是用黄蒿治黄

疸。"华佗说："可徒儿如此治疗未能生效呀？"青鹤道人说："三月仙草四月蒿，三月黄蒿尚未开花，药力全在青叶上，正是治黄疸病的良药，一般要在此时采取，才是时候。"一语道破天机，华佗连忙起身又向师父叩了一拜，青鹤道人赶快回拜道："华先生不必这样，在医学上您才是真正的师父呀，贫道医术浅薄，岂敢称师？"华佗急忙插话："一技之师，天经地义，你教了我的药方，真乃恩师也。"二人大笑。华佗后来还编成歌供后人借鉴："三月茵陈四月蒿，传给后人切记牢。三月茵陈治黄痨，四月青蒿当柴烧。"青鹤道人见华佗为人诚实又是当代名医，遂将"五禽功"，即仿照虎、熊、鹿、猿、鹤的动作去运动，也传授给了华佗，这种功既可以治病又可以健身。不久，华佗就告别青鹤道人下山了。从此华佗给人治病多了一门妙法：五禽功，他本人的身体也返老还童，临死前耳不聋，眼不花，发不白。

　　华佗研制的被称为神药的"青苔膏"又是一例勇于创新的壮举。"青苔膏"是怎样研制成功的呢？还有一段奇妙的故事——有一天，有一位村姑因为误碰了大黄蜂的蜂巢，不小心激怒了蜂群，于是大黄蜂对村姑发起了进攻，村姑的头上、手上等多处被蛰。不久，头部、手上就慢慢肿大起来。由于黄蜂含毒较多，受蛰面积较大，疼痛难忍，病情十分严重，无奈之下，便向华佗求治。华佗仔细查看之后自愧地说："您是中了蜂毒，实在对不起，我还没有治蜂毒之药啊。"村姑十分失望，痛苦地回去了。华佗见村姑怏怏而回，心中感到十分的内疚，从此他心里念念不忘该如何治疗蜂毒的问题，经常在上山采药时顺便去察看黄蜂的生活状况。有一次，刚巧看到一只大蜘蛛在山茅屋边织了一张网，一只黄蜂被蜘蛛网给网住了。虽然拼命挣扎，但还是难以逃脱。蜘蛛

华佗

看到之后，迅速地爬将过去，正想美食一顿，可是谁知黄蜂见蜘蛛一张嘴，正要靠近的时候，朝着蜘蛛肚子狠狠地刺了一下。蜘蛛顿觉疼痛难忍，身子卷缩"扑"的一声，掉在地上。被刺的蜘蛛，在地上颤抖了一阵后，便慢慢地朝长有青苔的墙脚爬去，将身体紧挨着青苔，徐徐擦动。擦了不多时蜘蛛似乎减轻了疼痛，慢慢恢复了行动，又朝蜘蛛网上爬去。决心要去吃掉被网住的黄蜂。可是黄蜂虽然已被蛛丝网住，因体大力强的优势，几经搏斗，蜘蛛又被刺中，再一次跌倒在地下。又休息了一阵后，又爬向青苔去摩擦身体，不久，又恢复了常态，再去与黄蜂斗杀。如此多次，黄蜂终因蜂毒散尽，身体疲惫而被蜘蛛吮食了。华佗在旁边仔细观察了这场搏斗的经过，心理琢磨着：这青苔为何能解救蜘蛛身上的蜂毒呢？就带了一些回去做进一步的研究。事有凑巧，在回家的路上遇到了那位中蜂毒的村姑。村姑对华佗笑着说："先生您不认识我了吧？上次是我被黄蜂刺了，请您治过……"。华佗猛然想起了当时被黄蜂刺过那位姑娘，心中好生诧异，被蜂刺后头大如斗，满面浮肿，生命有危，而现在还会平安无事，已经恢复到与常人一样了。于是，他躬身施礼向村姑请教道："不知您是用何药治好的呢？"村姑说："我从您家回去时，心情悲痛，疼痛难忍，又头晕目眩，无奈之下，在河埠头坐了下来，用清水淋淋头，又随手把长在埠头石板上的青苔，抓了一些擦疼痛之处，岂知擦过之后，疼痛减轻了，我又继续涂擦，如此多次之后，居然痛消肿退了。于是，我第二天、第三天就继续用青苔涂擦，这样就自然地好了。"华佗把被黄蜂刺后的蜘蛛用青苔擦治和村姑用青苔擦涂治好蜂螫的事联系起来，意识到青苔有解蜂毒、消肿、清心的作用。经过多次试验，精心研制，终于用青苔炼膏，

研制出具有治疗消肿、散毒、活血、利尿的灵丹妙药——"青苔膏",为后人造了福。

　　近年来我国对紫苏的药理研究表明,紫苏能起到止血、抑菌、止痒的作用,还能促进肾小球膜细胞的增殖。紫苏在临床上常用于治疗风寒感冒、腹泻、呕吐、寻常疣、子宫出血、鞘膜积液等疾病,尤其对因吃鱼蟹而中毒的患者有非常好的疗效。说到紫苏解蟹毒的功效,这里还有个名医华佗与紫苏的传奇故事。相传在东汉末年的某一天,名医华佗在一处海边采药。突然,他看到一只水獭在拼命地吞食一条大鱼,吃完后,水獭的肚子胀得圆鼓鼓的,躺在沙滩上动弹不得,哼哼唧唧地叫个不停。原来是中了鱼毒了。华佗见状非常高兴,因为水獭的肝是非常名贵的药材,这次可是个抓住它的好机会呀!华佗正准备上前去逮住水獭,忽然冷不防从海里又钻出一只老水獭,只见它在那只躺着的小水獭旁边转了几圈以后,又一溜烟地跑了回去。华佗心里很纳闷,于是他退了回去,想看个究竟。不一会儿老水獭果真回来了,奇怪的是它嘴里还叼着一束方茎对生叶的紫色野草,急匆匆地跑到那只躺在沙滩上的水獭身边,把那紫色的草放在躺着的水獭的嘴边,那躺着的水獭就把那紫色的草吃了进去。片刻间,那只中毒的水獭就恢复如初,跳进海里游走了。华佗看在眼里,记在心上。事过不久,有一天华佗在一家客店里住宿,遇到一群青年人正在比赛吃螃蟹,已经吃了很多了。华佗就上前劝他们说:"螃蟹吃多了会闹肚子,还可能中毒,会有生命危险的。"但这群青年人并没有听从他的劝告。结果当天夜里,吃螃蟹的几个年青年人大喊肚子疼,有的疼得在地上打滚,有的已经开始昏迷。由于当时还没有治疗蟹毒的特效药,大家都非常着急。忽然,华佗想起那天他

在海边看到的老水獭用紫色草救治小水獭鱼毒的事。华佗心想，既然那种紫色的草叶能解鱼毒，也就一定能解蟹毒。于是他立即出去采了些那种紫色草，回来煎成汤给几个中毒的青年人服下。过了一会儿，几个青年人果然肚子不疼了。华佗为了记住这种草药，就给它取了个名字叫"紫舒"，意思是能使中毒者腹中舒服的紫色草。因为字音相近，又属草类，于是后人就把它称作"紫苏"，并一直沿用至今。

3. 关心病人对症施治

华佗热爱人民，具有忠心耿耿为人民治病的崇高精神。他经常不辞辛苦地跋山涉水为百姓治病。他还特别的关心穷人，为穷人治病有时经常分文不取。他还经常在路边设一个小桌子给过路的病人看病。他是一位受人民尊敬和爱戴的民间医生。华佗为医，病家请者往治，不求者也主动给治。有一次，他坐车出行，途中偶见一个人咽喉肿痛堵塞，想吃东西又不能进食，家人正准备车载他去求医。华佗听到他的呻吟声，便主动"驻车往视，语之曰：'向来道边有卖饼家蒜齑（按：蒜碎末）大酢（按：酢同醋），从取三升饮之，病自当去。'"病者遵照华佗所嘱，让家属如数买了醋泡蒜泥喝下后，马上吐出一条形状如蛇般的寄生虫，病也好了。又有一次，他在盐渎（今江苏盐城市西北）的酒店里，看到有个名叫严昕的人暴病即将发作，也主动对他说："君身中佳否？"昕答：与往常一样。华佗劝告他说："君有急病见于面，莫多饮酒。"可惜为时已晚，此人饮罢回去，便"头眩堕车，人扶将还，载归家，中宿死"。

有一天，华佗从黄河北瞧病回来，在码头上等船，等了好久，

船都没有来,他身边的一位老翁焦急地说:"哎呀,船咋还不来呢,医生接不来,家里的病人可咋办呢?"华佗问:"你家是谁生病了?""是咱儿媳妇啊"。华佗说:"我就是医生,我去你家看看病人吧。""那太好了",老翁高兴地说,便把华佗领到了自己家里。华佗一看这个病着的妇女,原来得的是产后风,病情很重。便给病人先扎了几针,妇女的肚疼立即就止住了。华佗对老翁说:"你媳妇要吃十剂汤药,病根才能除掉。"正说着,忽听门外有人说话:"李家的大媳妇得了急病,快要死了!"华佗一听,立即又去李家抢救李家的病人。华佗在李家一直忙活到天黑,病人救过来之后,他才连夜过黄河回家。华佗睡到半夜,忽然想起那位产后风的妇女,扎过针只能止痛一时,如果吃药不及时,天明时,肚痛就会更加厉害的。于是他赶忙起来配药,药配好后,连夜便向病人家赶去。等到了黄河边的时候,鸡已经叫了,刚好赶上了第一班渡船。他走到病人家时,病人正呻吟不绝呢。只听老翁正叽咕着:"儿呀,忍着点,我这就去接华佗。"华佗应声推门进家,对老翁说:"不用接了,我华佗瞧病,不请自来。""啊,华先生来了!"老翁惊喜异常。自此,"华佗瞧病,不请自来"这句话,就流传了下来。

华佗治病不拘泥于一法,能因病而异,对症施治,既用药物治疗,又用心理治疗。如"有一郡守笃病久,佗以为盛怒则差,多受其货而不加功。无何弃去,又留书骂之。太守果大怒,令人追杀佗,不及,因恚,吐黑血数升而愈"。华佗采取激怒法,多收医酬而不予治疗,还弃而离去,留下书信骂他。太守果然大怒,派人追杀未果,怒气不得发泄,愤极吐出淤血数升,从而治愈了久年宿疾。又如,有两人都得"头痛身热"病,症状相同,华佗

给予的治疗却不同：一者给泻药，另一者服发汗药，为什么？因为两人病因不同，一个是外感风寒，另一个是伤食积滞。"故疗之宜殊。"

一次，华佗受广陵太守陈登的邀请，到陈登家里给他母亲治病，不想，走在半路上被一个中年人拦住。中年人请他去给老娘看病，并说："为了老娘的病，自己在此等候了一年，今天才遇到先生，所以无论如何请他去一趟。"华佗念他是个孝子，便随中年人来到他家中。中年人的母亲已经病了近两年了，华佗给她诊脉后，即道："老人家，你得的是心病，可不好治啊！"中年人一听，吓坏了，流着眼泪哀求道："请你一定行行好，救救我娘！"老婆婆道："我们穷，儿子三十多了，还没有娶上媳妇，我天天心焦啊！"华佗一听这话，心中明白了，又见他母子伤心的样子，想了一下就说："叫你儿子跟我走一趟吧，取药去。"说罢，就带着中年人到陈太守府上去了。华佗给陈太守的母亲看完了病，老太太见华佗大老远地跑来给自己看病，心中很过意不去，想要谢谢他。可是华佗没有搭腔，眼睛却老是围着几个丫环打转转。老太太一见心里就明白了，以为华佗想讨个小，就说："华医生想要什么，尽管说。"华佗说："我想要个丫环，给我义子做媳妇。"老太太一听，原来如此，就说："好啊，那你自己选吧。"华佗就选了一个老实贤惠的丫环，交给中年人带回去。那人的老娘，一见儿子娶了个年轻漂亮的媳妇回来，喜得合不拢嘴。她的心事一了，病也就好了。这时，谯郡又有户人家，婆媳关系不合，常因芝麻点的小事闹得不可开交。一天，双方又起了争端，媳妇突生歹念，竟去求神医华佗给他配一剂慢性毒药给婆婆吃，并要能在其致命后，无法验出死因。华佗深知事态严重，却也不便直说，

写下处方:"葛根熬鸡汤,每日服三次,用心伺候好,百日见阎王。"并再三嘱咐媳妇,一定要亲自服侍婆婆吃下此药,更是要和颜悦色,使其安心服用才能有效。若途中中断,就会不灵验了。媳妇十分感激的离去了。回家之后,按华佗吩咐每日伺候婆婆服药。服到99天的时候,媳妇又来求华佗。奇怪的是,这次媳妇前来,不是催命,而是向华佗救解药,为婆婆续命的。原来,婆婆吃了"毒药"后,一改常态,不再对媳妇恶言恶语,而且同媳妇轮着做家务,有好东西也让着吃,疼爱媳妇一如己出。这般好的婆婆,媳妇怎么忍心让她中毒死掉呢?明日就是最后得期限了,媳妇只好来求神医华佗搭救。华佗闻言,不禁莞尔一笑,又开出一方:葛根熬鸡汤,解毒最灵光,每日服三次,长寿又健康。之后嘱咐媳妇继续让婆婆服用。原来,"葛根熬鸡汤"并非毒药,而是滋补佳品。故而三月之久,婆婆的身心越来越健康,不但化解了婆媳的怨恨,婆媳感情也融洽起来,自然和好一家人了!

对于民间偏方,华佗也十分重视。治疗手段多种多样。彭城夫人在夜间去上厕所,蝎子蜇了她的手,痛得直呻吟叫唤,却毫无办法。华佗叫人把汤药用水烧得热热的,让病人的手浸泡在汤药水中,病人很快就能入睡,但旁边的人不能睡要不停地给她更换几次热水,使她的手保持温暖,天亮时手也就好了。

有一次,华佗推着车在乡间行医,走到村口,便听到"哎呀哎呀"的呻吟声,他便停下车来,到庄上逢人便问:"你们庄上有人生病吗?""没有啊。"村民都这么回答。"咦,刚才明明听到有人哼哼嘛。""不知道,咱们庄上没有人生病。"华佗不信,便挨家挨户的询问,问遍全村,都说没有。华佗觉得奇怪,刚才明明是听到呻吟声了啊。怎么会没有病人呢?于是华佗心不死,

华　佗

便村前村后的开始寻找起来。找到一堆草堆的时候，发现声音是从这里传出来的。走近一看，看见一个年轻人正躺在草中，就问他："你睡在这里干什么啊？""我生病啦。"小伙子有气无力的回答。"啥症状？"华佗问道。"浑身一阵冷，一阵热的，有时四肢如冰，有时又会如火烧心。""生病要睡在家里啊，怎么能睡在这呢？""我哪里有家啊！"年轻人说着，眼泪汪汪的哭起来了。"我本是个孤儿，生下来就没有父母了，我姑妈把我养到七岁，就送给地主家当仆人。后来我生病了，主人说我的病是要死人的，就把我给赶了出来。现在无亲无故的，往哪里去啊？只有睡在这等死啦……"华佗听完了他的话，非常的同情他，抓起他的左手，一切脉，不禁吃了一惊，对年轻人说："哎呀……这病有些重了，恐怕要一两个月才能治好。你没有家，怎么办呢？"年轻人一听，又呜呜地哭了起来。华佗心想，救死扶伤是医生的职责，想着，就把年轻人抱上车，推回自己家治疗。华佗把病人带回家，安排好床铺住下，又让妻子服侍他。自己耐心地给他治疗。过了一百多天，小伙子的病好了。华佗对他说："病治好了，不要再给地主当奴仆了，我给你几千文做本钱，回去做点小生意吧。晚上不方便，就在我家住，待你赚够了钱，自己在立个家业。"小伙子拿着钱，眼泪哗哗的直往下落，感动地一句话也说不出来了。

4. 尊重病人实情相告

华佗治病，能治愈则治，不能治愈亦以实情相告，从不用虚言哄骗病人，以便病家及早安排后事。有一次，华佗走进盐渎的一家酒店。盐渎县，就是今天江苏的盐城，有一位严先生叫严昕，看见严昕正在酒店和几个朋友们饮酒呢。华佗仔细观察了严昕的

脸色，问他说："这几天是不是感到身体有点不舒服啊？"严昕听了，很惊讶，说："没有啊，我的身体一直很好呀！"华佗说："我根据你的面相来看，你是得了急病，不要再多喝酒了，吃完饭赶快回家吧。"严昕听后置若罔闻，继续饮酒。结果，这位严先生吃完饭，坐了一会儿，和朋友一块儿坐车回家，乘车走了几里路的时候，在回家的路上发病了，然后从车上掉了下来，同行的人把他抱到车上送回家，当天晚上就死了。

关于华佗医术记载还有，他曾经替广陵太守陈登治病，当时陈登面色赤红心情烦躁，有下属说华佗在这个地方，后来他就命人去请华佗，为他诊治，华佗先请他准备了十几个脸盆，然后为他诊治后结果陈登吐出了几十只红头的虫子，华佗为他开了药，说陈登是吃不干净的鱼得的这个病，告诉他这个病三年后还会复发，到时候再向他要这种药，这个病就可以根治了，并且临走告诉了华佗家的地址，那年陈登三十六岁，结果果然陈登三年后旧病复发，并派人依照华佗的地址寻找，可是华佗的药童告诉陈登的使者说华佗上山采药还没回来，也不知道他什么时候能回来，结果陈登三十九岁时就是因为这个病去世的，其实华佗的医术是很好的，只是那个广陵太守运气不好，没能等到他采药回来，这是华佗医治的所有病人的唯一的一个例外。

有一位原来当过督邮的人叫顿子献，生了病已经治好了。好了以后他请华佗再给他察一察脉象。华佗为他把脉以后说："病虽然好了，但是身体仍然还很虚弱，没有完全康复呢，在这个期间，你千万记住，不能有夫妻生活，如果有的话，就会发生不测，临死时还要吐出几寸长的舌头。"他的妻子听说他的病已经好了，就从一百多里外来的家乡探望他。在夜晚休息的时候，没有听华

佗的劝告，夫妻行房事。事隔三天后，顿子献发病，而且临死之前，舌头伸出来有几寸长。其死状完全跟华佗说的一样。

有一个下级军官叫梅平，军吏梅平得了病，被免职回家了。他家住在广陵。离家还有两百多里地的时候，他便到一个亲属家里去投宿。恰巧这天晚上华佗也来到这户农家投宿。主人就请华佗为梅平看病。华佗号了脉以后就告诉他说："太晚了，你若是早见到我，可以不落到如此地步。现在疾病已成绝症，病势已经无法扭转，赶快回去吧，还能与家人见上一面，五天后，你就不行了。"梅平听了以后，立即赶回家去，赶到家里，五天以后，果然病故了。

又有一位士大夫感到身体不适。华佗说："你的病势深沉，应该剖腹切除。但你的寿命也只不过还有十年了，这期间你的病要不了你的命，忍耐十年的病痛，寿命和病苦就都到头了，犯不上非要剖腹治疗。"士大夫是个忍不得痛痒的人，非要切除这病根不可。于是华佗为他施行手术，所患疾病也随之治愈，但十年后他最终还是死了。

县吏尹世苦于四肢发热，口中干燥，不愿听到人说话的声音，小便也不顺利。华佗说："做热饭试试看，吃后如果出汗，病就可以好；如果不出汗，三天后就会死去。"于是立即做了热饭给病人吃，吃后没有出汗，华佗说："五脏的生机已在体内断绝，可能会哭着断气。"结果同华佗所说的一样。

5. 传授医技撰写医书

在漫长的年代里，中医学术经验能够延续不绝，并不断有所发展，医学教育起了主要作用。中医学术教育的最传统方式是师

徒传授和家世相传。育徒传技，是我国早期医学教育的主要方式。在南北朝的时候，才开始出现有朝廷创办的医学教育机构。据《华佗传》、梁《七录》等记载，华佗所育之徒其有姓名、业绩可考者为吴普、樊阿、李当之三人。与当时许多医生医术与秘方不传外人不同，华佗招收门徒，培养后人。华佗一生有弟子多人，其中彭城的樊阿、广陵的吴普和长安的李当之，最有成就，皆闻名于世。华佗有些医疗经验就由他们继承下来，并各有所长，有所发展。如"(吴)普依准佗治，多所全济"。并著有《吴普本草》一书。还有个高徒李当之，著有《李当之药录》。吴普遵照华佗的医术治病，许多人被治好救活了。华佗对吴普说："人的身体应该得到运动，只是不应当过度罢了。运动后水谷之气才能消化，血脉环流通畅，病就不会发生，比如转动着的门轴不会腐朽就是这样。因此以前修仙养道的人常做'气功'之类的锻炼，他们像熊一样直立攀援，像鸱鸟一样回转头部，舒腰展体，活动各个关节，以求减缓衰老，用来求得延年益寿。我有一种锻炼方法，叫做'五禽戏'，一叫虎戏，二叫鹿戏，三叫熊戏，四叫猿戏，五叫鸟戏，也可以用来防治疾病，同时可使腿脚轻便利索，用来当做'气功'。身体不舒服时，就起来做其中一戏，流汗浸湿衣服后，接着在上面搽上爽身粉，身体便觉得轻松便捷，腹中想吃东西了。"吴普平时用这种方法锻炼，活到九十多岁时，听力和视力还都很好，牙齿也完整牢固。

樊阿精通针疗法，他继承了华佗的针灸方法，也"善针术"，并且有所创新。历来的针灸戒言是"背及胸藏（同脏）之间不可妄针，针之不过四分，而（樊）阿针背入一两寸，巨阙（按：巨阙穴在脐上六寸）、胸藏针下五六寸，而病辄皆瘳"。这种深刺法

华 佗

与"华佗夹脊穴"一样,直到今天还在被应用。所有的医生都说背部和胸部内脏之间不可以乱扎针,即使下针也不能超过四分深,而樊阿针刺背部穴位深到一两寸,在胸部的巨阙穴扎进去五六寸,而病常常都被治好。樊阿向华佗讨教可以服用而且对人体有好处的药方,华佗便拿"漆叶青黏散"教给他。药方用漆叶的碎屑一升,青黏碎屑十四两,按这个比例配制,说是长期服用此药能打掉三种寄生虫,同时又对五脏有利,使身体轻便,使人的头发不会变白。樊阿遵照他的话去做,活到一百多岁。漆叶到处都有,青黏据说生长在丰、沛、彭城和朝歌一带。这些都是与华佗不保守医技、对他们悉心传授分不开的。华佗是医学教育家。他的弟子中,有很多著名人物,又据《华佗别传》记载"佗令弟子数人以敏刀决脉"。此仅言"弟子数人",而姓名业绩不详,他们皆从佗学,各有所长,可见"名师出高徒"。现从三个方面谈谈华佗是如何培育高徒的。

第一:择优选徒,不因亲疏。这是华佗择徒而育的原则。古之学技,或家传,或师授。家传世袭则以家族关系而定,不问智愚贤庸,皆可继承家技以为业。此固然有可得其真传之便,但也可出现沿袭旧技而无创新之弊。甚至学而无名,空有家传之名,有碍于专业技术在更广泛的范围内传播。华佗则破除此种保守的授业方式。他的师徒关系是师徒"双向选择"。《华佗传》有"广陵吴普,彭城樊阿,皆从佗学"等语,但未见佗授业于其子的字句。普、阿与佗非同乡、同族。他们来自不同地域而从师,这是择良师而学;华佗之技不传其子,而授业于普、阿等人,这是选贤徒而教,不因亲疏而定。

第二:因材施教,学各有长。这是华佗育徒为其选定专业的

依据和目标。吴普、李当之精于方药，樊阿擅长于针术。从一师而有所异，这是因材施教的结果。如同是养生之术，向吴普授以"五禽之戏"，"普施行之，年九十余，耳目聪明，齿牙完坚"。对樊阿则授以"漆叶青黏散服食之法"，"阿从其言，寿百余岁"。再从他们各自的成就来看，李当之著有《李当之药录》《李当之药方》等书。吴普则能"依准佗疗，多所全济"并有《吴普本草经》《华佗药方》等专著。《补注神农本草》称吴普"修神农本草经，成四百四十一种。唐经籍志，尚存六卷，今广内不复存，惟诸子书多见引据。其说药性寒温，五味最为详细"。樊阿对针术则有发挥。"凡医咸言，背及胸脏之间不可妄针，针之不过四分，而阿针背人一、二寸，巨阙胸脏针下五、六寸，而病皆廖。"诸弟子学业上获得如此成就，除于华佗选徒并因材施教之外，尚有其优良的教授方法。

第三：说理透彻，注重实践。这是华佗教授方法的特点。以华佗教吴普五禽戏为例。佗语普曰："人体欲得劳动……吾有一术，名为五禽之戏。腹中欲食。"这段话说明了以下几个问题：首先，先用通常的道理说明生命在于运动。其次，适当的运动能促进食物的消化吸收，起到健身防病的作用。再次，喻以日常生活所见的物理，以加深对医理的理解。第四，言明"五禽之戏"是在前人实践经验的基础上，加以演创而成的。以具体事例论证了继承和创新的关系，引出五禽戏的内容。第五，指出演练五禽戏后的注意事项。最后，总结出个人演练五禽戏的亲身体会。再看《华佗别传》中的一段记载："有人病两脚躄不能行，舆诣佗。佗望见云：已饱针灸服药矣，不复须看脉。便使解衣，点背数十处，相去（距）或一寸，或五寸，纵斜不相当。言灸各十壮，灸创愈即行。后灸处夹脊一寸，上下行端直均调，如引绳也"。如此精湛的望诊，娴熟精巧而富有创造性的灸法操作，神奇的疗效，使好学的弟子们目睹绝技。此外，在该传中另一病案里说："佗令弟子数人，以鈹刀决脉。"由此推知，华佗育徒传技之法，不仅是身体力行，且能具体指导弟子进行实际操作，以培养他们独立诊治疾病的技能，这是非常可贵的。华佗施行的选徒而教、因材施教的原则，由浅入深、深入浅出、形象比喻、理论联系实际等教学方法对今天仍有借鉴作用。任何科学都是在继承前人成就的基础上，通过实践、认识、再实践、再认识而不断创新并逐渐向前发展的。华佗创造的麻沸散、剖腹手术、五禽戏、夹脊穴等都是以实际行动对弟子进行创新思想的教育。此外，其亲密的师生关系，师爱徒善教，徒尊师好学亦为今天所推崇。

　　为了将医学经验留传于后世，华佗晚年精心于医书的撰写，华佗一生中的著述是非常丰富的，从生理、病理、本草、方剂到临床各科均有所阐发，并有独到之见解。这从其之后的相关史料中可以证实。计有《青囊经》《枕中灸刺经》等多部著作，华佗一生中最令后人遗憾和感叹的，就是他的著作基本上都没有传下来。当时的战乱使"文籍焚靡，千不遗一"，华佗的著作也未能幸免。加之《三国志·华佗传》中"佗临死，出一卷书与狱吏，曰：'此可以活人。'吏畏法不受，佗亦不强，索火烧之"的一段描述，以至古今学者认为华佗亲撰之书无存，使华佗著作的存废问题成为千年来众说纷纭的一桩疑案。

　　考《隋书·经籍志》子部·医方类，有医籍二百五十六部，其中有关华佗的著作三种，再加上其他的资料一共有以下几种：《华氏佗观形察色并三部脉经》一卷（佚）、《华氏佗枕中灸刺经》一

卷（佚）、《华佗方》十卷（宋志作一卷）（佚），此外：《华氏阙名集》宋志十卷（佚）、《华氏佗玄门内照图》崇文总目一卷（存）、《华氏佗外科方医藏目录》卷阙（佚）、《扁鹊华佗察声色要诀》脉经（存）、《华佗内事》梁七录五卷（佚），以上是从中医目录和有关其他古籍中关于华佗著作情况记录，得知华佗有关的著作迄今早已失传。现在以华佗之名行世的有以下几种：《华氏中藏经》《内照图》《华佗神医秘传》《华佗神方》，但以上各书是否为华佗所作，存在较大的争议。

现存的华佗名下的《中藏经》，又名《华氏中藏经》，旧题汉·华佗撰，宋·郑樵《通志·艺文略》和陈振孙《书录解题》，都著录过，明代大医学家王肯堂、张景岳、龚云林等人的著作中，引证华佗的学术理论，直书"华元化云"，其来源即出于《中藏经》。近代许多医家一致认为《中藏经》显然是后人伪托，然而文义古奥，似为六朝人所撰，因此疑是华佗弟子吴普、樊阿等依据华氏遗意录辑，而为后人修订流行，辗转传抄，不免杂以后世药名和剂量权量，这是毫不足怪的。但该书的上卷论脏腑、虚实寒热、生死顺逆的脉证方法，中卷察声色形症决生死等篇，都与华佗古法相合，可见该书中仍然保存了不少古代医学文献的内容。

《内照法》原名为《内照图》，首见宋代的《崇文总目》：《华氏佗玄门脉诀内照图》，一卷，存。所谓"内照"，是指可以根据体表的变化而洞视脏腑，即从色、脉、症的反映来鉴察内脏的反映。由于年代久远，相互传抄，"原刻讹脱"，该书早已残缺不全，图亦快亡。清代周学海在将该书收入《周氏医学丛书》时，始更名为《内照法》。《中医大辞典》医史分册说："《内照法》，藏象著作，旧题汉华佗撰，为《中藏经》附录部分。内照至于

《内照法》一书的撰年和撰者及学术价值等问题,则同样颇有争议。此书通篇采用望、闻、问、切的四诊方法,尤为突出望诊,以望诊来测生死,将望诊法比如镜子,可以隔体照见脏腑,而察知一切病情。书名《内照法》即是此义。华佗的学术思想亦是渊源于《灵》《素》,并创造性地发展了中医基本理论,特别是对《内经》中的脏象理论,诊法内容如望色、诊脉与脏腑辨证紧密联系,二者为同一系统理论。由此可知,此书即便不是出自华佗手笔,也是其授业弟子传人根据华氏佚文缀辑而成的。据此,应该把该书作为研究华佗学术思想的重要读本。

1920年,古书保存会负责人沈骧,在华佗故乡安徽亳县藏书家姚氏墨海楼的故纸堆中发现墨色暗淡年代久远的一种手写本《华佗神医秘传》,1922年由上海大陆图书公司印刷,封面题"海内秘本"《华佗神医秘传》。1978年经辽宁中医学院彭静山教授点校后,由辽宁科技出版社再次刊印。1979年香港中外出版社将《华佗神医秘传》,易名为《华佗神方》再次刊行。但《秘传》在华佗遇害一千七百余年后突然刊行于世,对是否为华佗之著,众说不一。现据全书内容,略作考证。

手写本原题:《古代真本·华佗神医秘传》。共二十二卷,《秘传》卷首有三篇序文,依次为唐代孙思邈、清代徐大椿和民国时期沈骧三人所序,目前已经证实均为伪托。卷一为华佗病理论秘传,有论文四十八篇,和《平津馆丛书·华氏中藏经》卷上、卷中的内容完全相同,仅在字句间略有出入;卷二为华佗临症秘传,记载华佗治病的二十八种要诀,是华佗辨证论治的基础思想;卷三为华佗神方秘传,《华氏中藏经》卷下·疗诸病药方六十道只有四道包括在华氏二十三道神方之中,包括麻沸散和神膏。卷四是

华佗内科秘传三百一十二方；卷五是外科一百零七方；卷六为妇科六十九方；卷七产科八十四方；卷八为儿科一百一十二方；卷九是眼科四十三方；卷十为耳科三十三方；卷十一是鼻科十三方；卷十二为齿科三十六方；卷十三为喉科二十八方；卷十四为皮肤科四十七方；卷十五为伤科二十八方；卷十六为结毒科（花柳病）十五方；卷十七为急救法秘传五十四方；卷十八为治奇症法三十八方；卷十九为兽医科三十五方；卷二十是制炼诸药秘传十法；卷二十一是养性服饵秘传十七方；共计有一千一百零三方。卷二十二是华佗注《仓公传》，作为附录。所以谓之神方，"神秘"的推崇是后人所加的。这些神方、秘方大抵都是源于《肘后方》《备急千金要方》《千金翼方》《外台秘要》《妇人大全良方》《串雅内编》等方书。从以上分析，可以这样认为，《华佗神医秘传》不是华佗及其弟子的著作。它是后世医家汇集和编著的一本托名华佗的医方书。它的成书年代最早不超过明代。至于书中究竟汇集和保存了多少华佗及其同时代的医学资料，尚待深入考证和研究。《秘传》一书，内容宏富，各科俱全。既有阴阳五行、脏腑气血、寒热虚实等基础理论的论辩，又有内外妇儿、制药服饵、急救解毒等临床各科的验方集锦一千多首，有如一部临床医药百科全书。《秘传》虽属伪托之作，但伪托者尚能尊重华佗的学术思想。故书中所录所引，多能寻其出处。因此，《秘传》虽为伪托者从多种书籍中摘录编辑而成，但本书以华佗遗著《中藏经》四十八篇为医论之根据，继则以《三国志·华佗传》及《华佗别传》医案为要诀，并从古医籍中搜集一些华佗方剂作为秘方、神方之基础，从而使《秘传》一书形成了一条以华佗医论、医案、医方为主的主线。也是研究华佗的一部重要的参考书。

华 佗

结 语

华佗形象经过岁月长河的洗礼，积淀在杏林守望者的心中，成为规范、引导中医人思维、情感、行为的文化和道德力量。华佗被害至今已一千七百多年了，但人民还永远怀念他。江苏徐州有华佗纪念墓；沛县有华祖庙，庙里的一副对联，抒发了作者的感情，总结了华佗的一生：

"医者刳腹，实别开岐圣门庭，谁知狱吏庸才，致使遗书归一炬；

士贵洁身，岂屑侍奸雄左右，独憾史臣曲笔，反将厌事谤千秋。"

几千年来代代相传的华佗故事虽是正史与传说相参，真实与想象互补，史实与艺术交织，医学与文学融合，有血有肉、侠骨柔肠的华佗形象成为珍贵的民族文化遗产。"华佗再世"、"元化重生"是老百姓对精诚大医由衷的赞美，"青囊"还成为中医的别称。"史臣曲笔"造成了阴魂不散的"千秋之谤"，唐·刘禹锡扼腕长叹："后之惑者，复用是为口实，悲哉！"（《刘宾客文集·华佗论》）"木秀于林，风必摧之；堆出于岸，流必湍之；行高于人，众必非之"（三国魏人李康《运命论》）。华佗至今还在受到

误读、甚至恶搞、诬陷、咒骂和攻击，如：有人宣称，入仕做官才是华佗的人生目标，从医只是"业余爱好"，华佗有孤傲矜技的瑕疵，其死责任不全在曹操，在于自己"恃能求官爵，惨遭杀身祸"；而且作为军医请假回家、超期不返，犯了军纪法规；总之华佗是"无良神医"。他们断章取义，立异标新，虽无法否认华佗作为"神医"之卓越成就，却横加指责其道德"无良"，似乎是从学术研究出发，缺乏确切史料佐证，我们有理由相信，中医中药必将在"取消"、"告别"的鼓噪声中浴火重生，以确凿的临床疗效与独特的文化魅力赢得世人的认同与挚爱，迎来学科传承的难得机遇与事业繁荣的明媚春天。